Taylor | Was ist Religion?

[Was bedeutet das alles?]

Charles Taylor

Was ist Religion?

Über die Vieldeutigkeit eines umkämpften Begriffs

Aus dem Englischen von Holger Hanowell

Herausgegeben von Michael Kühnlein

Reclam

RECLAMS UNIVERSAL-BIBLIOTHEK Nr. 14155
2021 Philipp Reclam jun. Verlag GmbH,
Siemensstraße 32, 71254 Ditzingen
Gestaltung: Cornelia Feyll, Friedrich Forssman
Druck und Bindung: Eberl & Koesel GmbH & Co. KG,
Am Buchweg 1, 87452 Altusried-Krugzell
Printed in Germany 2021

ISBN 978-3-15-014155-7

Auch als E-Book erhältlich

www.reclam.de

Inhalt

1. Was ist Religion?

Die Bedeutungsvielfalt des Begriffes ›Religion‹: Warum ist es wichtig, dieses Thema anzuschneiden?

Der Grund hierfür liegt auf der Hand. Dem Interesse an diesem Thema liegt Skeptizismus zugrunde – ein Skeptizismus, den ich teile – bezüglich der Möglichkeit, eine einfache und eindeutige Definition des Konzepts zu liefern. Spontan möchte ich meine Rede mit einer allgemeingültigen Regel einleiten: »Wenn jemand behauptet, ›Religion sei …‹ oder ›Religion macht …‹ ohne Umschweife, kann man von vornherein sicher sein, dass der Satz falsch ist«. Wenn jemand, wie man es heutzutage oft hört, verkündet: »Religion löst Gewalt aus«, und jemand anders antwortet darauf: »Sie irren sich, Religion bringt immer Frieden«, dann wäre die richtige Reaktion, darauf zu antworten, dass man auch dann, wenn beide Ansichten teilweise wahr sind, sehr viel Energie aufwenden müsste, um zu beweisen, dass beide Sätze hundertprozentig wahr sind. Doch würde man auf diese Weise nicht besser verstehen, was Religion ist.

Der Begriff Religion ist nicht eindeutig, und in diesem Zusammenhang ist es angemessen, von der Bedeutungsvielfalt des Begriffes ›Religion‹ zu sprechen. Wie auch immer: Man darf an dieser Stelle nicht innehalten. Die Dinge sind weitaus komplizierter. Das Konzept der Bedeutungsvielfalt kann nämlich aus vielen Blickwinkeln angegangen werden. Meine Absicht besteht darin, diese Komplexität besser zu durchdringen, um, so hoffe ich, die Verwirrung etwas zu lösen, anstatt sie noch größer zu machen. Von jetzt an werde ich mich freier zwischen den verschiedenen Kontexten bewegen, in denen das Konzept ›Religion‹ heute zur Anwendung gelangt.

Wir könnten mit der Beobachtung beginnen, dass man sich eine Zeit lang einig in Bezug auf eine bestimmte Definition von Religion war. Diese Definition wurde im Zuge der europäischen Aufklärung entwickelt, doch kann man ihre Wurzeln bis ins 17. Jahrhundert zurückverfolgen. Es handelt sich um eine Vorstellung von Religion, die eher auf dem Deismus[1] als auf dem Christentum gründet. Entsprechend dieser Vorstellung stellt jede Religion eine Überzeugung dar, dass ein Schöpfergott existiert, der uns einige ethische Grundsätze an die Hand gibt und die Menschen dann nach dem Tod belohnt oder bestraft, je nachdem wie sie sich an diese Vorschrift gehalten haben.

Angesichts dieser Auffassung war es durchaus möglich, vage Übereinstimmungen zwischen z. B. dem Christentum, einem christlich-inspirierten Deismus und vielleicht auch dem Islam auszumachen. Doch sobald man diese Definition etwa auf den Hinduismus anwandte, ging die Grundlage für einen Vergleich verloren. Tatsächlich hätte das Wort ›Hinduismus‹ keine Bedeutung gehabt, wenn man es im 17. oder 18. Jahrhundert benutzt hätte. Obwohl man leider den heutigen Hindutva-Nationalismus in gewisser Hinsicht als späten Nachzügler dieses früheren Bemühens verstehen kann, Religionen unter der Federführung eines europäischen Prototyps zu katalogisieren.

All jene deutlichen Unterschiede, die die Glaubwürdigkeit eines solch eng gefassten Konzepts von Religion untergruben, wurden zu jener Zeit komplett von dem europäischen Gedankengut ignoriert. Und die Ausnahmen bestätigten nur die Regel, da das Prestige der Kolonialmacht den Menschen vor Ort oftmals weismachen wollte, es sei unerlässlich, die eigene religiöse Erfahrung innerhalb dieses konzeptionellen Rahmens zu begreifen. Denken Sie nur an die monotheistischen Reformbewegungen im Hinduismus wie etwa Brahmo Sabha[2] oder Brahmo Samaj[3], eingeleitet durch Pandit Nobin Chandra Roy und Ram Mohan Roy. In all diesen Fällen erwies sich jedoch letzten Endes die Überzeugungskraft des Versuchs, eine westliche Sichtweise zu übernehmen, als minimal.

Um wieder zum eigentlichen Thema meiner Rede zurückzukehren: Ich will im Folgenden drei Dimensionen der Bedeutungsvielfalt des Konzepts von ›Religion‹ voneinander unterscheiden, und zwar in immer größer werdenden Graden von Komplexität.

2. Die achsenzeitliche Wende

Eine erste wichtige Quelle für die Differenzierung und somit der Bedeutungsvielfalt in der Geschichte der Religion findet sich in dem entscheidenden Übergang, den wir für gewöhnlich die ›Achsenzeit‹ nennen. Es ist allgemein bekannt, dass der deutsche Philosoph Karl Jaspers in seinem *Vom Ursprung der Geschichte* als erster Denker die Hypothese aufstellte, es habe auf der Erde zwischen dem 8. und dem 2. Jahrhundert v. Chr. ›gleichzeitig‹ eine große spirituelle Umwälzung stattgefunden.* Aus dieser ursprünglich rein philosophischen Behauptung, die eine Weile unbeachtet blieb, wurde einige Jahrzehnte später dank der Forschungen so talentierter Gelehrter wie Shmuel Eisenstadt[4] und Björn Wittrock[5] eine grundlegende historisch-soziologische Kategorie. Zuletzt wandte sich Robert N. Bellah[6] in seinem jüngsten, großartigen Buch wieder diesem Themenkomplex zu.†

Gegenwärtig wird Jaspers' These allgemein, aber nicht überall, als vielversprechende Herangehensweise akzeptiert, um ein erstaunliches historisch-kulturelles Phänomen zu erklären, das im Verlauf der Jahrhunderte wiederholt wahrgenommen wurde. Ich beziehe mich hiermit auf das weltweite Aufblühen des Spirituellen, das in den verschiedenen Winkeln der Erde während des ersten Jahrtausends v. Chr. ähnliche, allerdings nicht identische Weltanschauungen hervorbrachte. Diese achsenzeitliche Wende

* Vgl. Karl Jaspers, *Vom Ursprung und Ziel der Geschichte*, München/Zürich 1949.

† Vgl. Robert N. Bellah, *Religion in Human Evolution: From the Paleolithic to the Axial Age*, Cambridge 2011.

mündete, indem sie sich von West nach Ost ausbreitete, im Erstarken der griechischen Philosophie zur Zeit von Platon, in die jüdische Prophetie des Mittleren Ostens, in die vedischen Lehren und den Buddhismus in der Indus-Ganges-Ebene sowie in den Konfuzianismus in China. In seiner bahnbrechenden Studie legte Jaspers womöglich zu viel Gewicht auf den Aspekt, diese verschiedenen spirituellen Traditionen hätten sich untereinander unmittelbar beeinflusst, doch wiesen diese in der Tat starke gemeinsame Merkmale, jedoch eben auch unverkennbare Unterschiede auf. Doch selbst dann, wenn wir uns nur auf die Elemente der Wesensverwandtschaft konzentrieren, so trägt der Wandel der Weltanschauung, der sich in jenen Jahrhunderten vollzog, dazu bei, dass der ›achsenzeitliche‹ Durchbruch zu den revolutionärsten Veränderungen in dem Bereich führt, den wir ›Religion‹ nennen.

Wie lässt sich diese Veränderung beschreiben? Nehmen wir uns beispielsweise die Religion der Römischen Republik vor, fällt uns sogleich auf, dass diese Religion größtenteils auf Rituale und Opferhandlungen ausgerichtet war, die dazu dienten, die Republik vor jedweder Gefahr zu bewahren, und die dafür sorgten, dass sie auch weiterhin gedieh. Dieser Aspekt trifft auf die vorachsenzeitlichen Religionen generell zu. Die Rituale wurden in einem Kontext praktiziert, in dem es ziemlich klar war, was das Gute für den Menschen ausmacht, nämlich Gedeihen. Versagen ist schlecht, Gedeihen ist gut: Das erklärt sich von selbst. Doch was genau ist das menschliche Gedeihen? Gedeihen bedeutet, einfach ausgedrückt, dass es gute Ernte anstatt Hungersnot, dass es weder Dürre noch Überschwemmungen geben möge, dass die Kinder heranwachsen und weitere

Nachkommen haben und dass die Erde fruchtbar sei, kurz: all jene die Dinge, die für das menschliche Wohlergehen allgemein als essenziell betrachtet wurden und werden. Das religiöse Leben wiederum vollzog sich im Einklang mit diesem Verständnis davon, was menschliches Gedeihen ausmacht, und hatte u. a. zur Folge, dass die Götter günstig gestimmt werden mussten, und zwar, indem man sich auf die Verbindung mit dem Geist geweihter Tiere oder die Quelle von Fruchtbarkeit usw. konzentrierte. Genauer: Die Güter, die durch religiöse Mittel erlangt werden, waren weltliche Güter, und sie alle hatten mit den Grundbedürfnissen des Menschen zu tun.

Welche Neuheiten brachte die Revolution der Achsenzeit aber nun mit sich? Welche Unterschiede zeigten sich? Zunächst brachte sie die Vorstellung eines überlegenen Guten mit, welches nicht einfach auf das menschliche Gedeihen reduziert werden konnte. Verglichen mit früheren Auffassungen von dem Guten im Leben, treten alle achsenzeitlichen und nachachsenzeitlichen Religionen als radikaler Durchbruch in Erscheinung und sind damit alles andere als selbstverständlich. Und tatsächlich kann man hier eine Ahnung von der Einheit mit Gott bekommen, von Nirwana oder einem Buddha-ähnlichen Zustand des Geistes, von Platons Idee des Guten, von verschiedenen Imaginisierungen der Heiligkeit – wie etwa die Vornehmheit des Geistes, die im Konfuzianismus als *rén* bezeichnet wird, die ultraprofane Heiligkeit von Figuren wie dem Bhikkhu[7] oder dem Asket usw.

Der Übergang in der Auffassung von moralischen Quellen und Zielen, der soeben beschrieben wurde, scheint in jeder Hinsicht eine nicht umkehrbare Änderung zu sein.

Doch hat sich, wie ich schon weiter oben ausgeführt habe, dieser Wandel nicht überall in gleicher Weise vollzogen, weist jedoch überall gemeinsame Merkmale auf, die uns bis auf den heutigen Tag begleiten. Gewiss, heutzutage sind viele Menschen nicht länger ergriffen von Platons Idee vom Guten oder von einer Einheit mit Gott. Dennoch haben sogar säkular denkende Menschen, die sich selbst als vollkommen areligiös ansehen, vielleicht einen ausgeprägten Sinn für ein überlegenes, transzendentes Gutes, das sich in ihrem Leben unter dem Deckmantel des moralisch Absoluten manifestiert, wie etwa Menschenrechte, Gleichheit der Menschen untereinander oder Gewaltverzicht.

All dies sind klassische Fälle des post-achsenzeitlichen Guten, das das menschliche Gedeihen überschreitet bzw. transzendiert, auch wenn es manchmal so aussieht, als sei es notwendig für das Gedeihen – notwendig, aber individuell. ›Transzendenz‹ ist in diesem Zusammenhang ein Schlüsselkonzept und war bereits für Jaspers von entscheidender Bedeutung. Dies ist das zweite Merkmal, das mit der Achsenzeit einhergeht. Allerdings spreche ich von ›Transzendenz‹ in einem speziellen Sinn. Mit der achsenzeitlichen Revolution wurde ein Standpunkt entwickelt, von dem aus man die existierende soziale Ordnung beurteilen konnte, indem man sich auf die Vorstellung von einem höheren Guten konzentrierte. Von hierher stammt die Fähigkeit, über die Reihe von ›Einbettungen‹ hinauszugehen, die charakteristisch sind für vorachsenzeitliche Zivilisationen. Denn gemäß der traditionellen Weltanschauung wird das Individuum als in eine Gesellschaftsform ›eingebettet‹ verstanden, die wiederum im Kosmos eingebettet ist, der letzten Endes vielleicht im Göttlichen eingebettet ist. Daher kann keine Form von Rebellion gegen die bestehenden Mächte dem Horizont dieser ineinander verwobenen Ordnungen entfliehen.

Doch kann im Zuge der achsenzeitlichen Wende alles – auch das Universum – aus einem Blickwinkel kritisch betrachtet werden, der über diese Wende hinausgeht: Es handelt sich also um einen höheren Standpunkt, der außerhalb des Zyklus menschlicher Blütezeit und Verfalls liegt. Im Konfuzianismus, um nur ein Beispiel zu nennen, kann Kritik aus der Sichtweise des Mandats des Himmels geübt werden (*tian mìng* bzw. *Tiānming*).

Und genau diese Befähigung, über seine spezielle eigene Verortung in Raum und Zeit hinauszugehen, ermöglicht es, Zugang zu finden zum menschlichen Gesichtspunkt als solchem, der am Ursprung des dritten Unterscheidungsmerkmals der achsenzeitlichen Wende liegt, nämlich zum Universalismus oder zumindest zum ›impliziten‹ Universalismus. Aus der neuen Perspektive gesehen hört man also damit auf, seine Sicht von einem guten oder erfüllten Leben einfach als das ideale Leben für eine jede Person, die griechisch, jüdisch, sumerisch oder chinesisch geprägt ist, zu verteidigen. Selbst Aristoteles, der zweifellos abwertende Bemerkungen über Nichtgriechen in seinem Umfeld machte, tat dies angesichts eines tieferen Verständnisses von den Zielen des menschlichen Lebens an sich. Als Schüler Platons sah er sich nämlich in der Position, eine Definition dafür zu liefern, worum es bei der Menschheit überhaupt geht. So sieht der Standard aus, der für jeden Menschen gilt, ungeachtet der Frage, wo man geboren wurde oder wo man lebt.

Um diesen groben Überblick über die Innovationen, die

im Verlauf der achsenzeitlichen Revolution in der Religionsgeschichte eingeführt wurden, zu Ende zu bringen, sollte man nicht vergessen, dass das, was wir heutzutage Religion nennen, in der früheren vorachsenzeitlichen Welt keine eigene Sphäre darstellte, die vom Rest des sozialen Lebens getrennt war. Schauen wir uns zum Beispiel Rom an, wird schnell deutlich, dass religiöse Kulte, Rituale und Opferhandlungen so stark mit all den anderen gesellschaftlichen Praktiken verwoben waren, dass man sagen könnte, Religion sei überall und allgegenwärtig.* Und auch das war dann bald nicht mehr der Fall.

* Zu der Vorstellung »la religion est partout« vgl. die Diskussion in Danièle Hervieu-Léger, *Le pèlerin et le converti. La religion en mouvement*, Paris 1999, S. 20 f.

3. Nachachsenzeitliche Religionen: Universell, aber unterschiedlich

Bisher habe ich einen großen ›Schnitt‹ in der Religionsgeschichte ausgemacht, in der vollkommen unterschiedliche Phänomene auftraten, die einige Aspekte miteinander gemeinsam haben, sich dann aber wiederum alle sehr voneinander unterscheiden.

Die zweite Dimension der Bedeutungsvielfalt in den gegenwärtigen Verwendungen des Begriffs ›Religion‹, der ich mich nun gedanklich widmen möchte, bezieht sich nicht so sehr auf die gemeinsamen Elemente, sondern auf die Unterschiede zwischen jenen großen Weltreligionen, die aus der achsenzeitlichen Revolution hervorgegangen sind. Ich möchte also herausfinden, auf welche Weise diese vier achsenzeitlichen Revolutionen religiöse Traditionen hervorbrachten, die sowohl Ähnlichkeiten als auch unverkennbare Unterschiede miteinander aufweisen. Für dieses Vorhaben orientiere ich mich an einem exzellenten Buch des niederländischen Anthropologen Peter van der Veer[8]: *The Modern Spirit of Asia.** Um sich darüber klar zu werden, auf welch unterschiedliche Weise Religion in den unterschiedlichen post-achsenzeitlichen Gesellschaften aufgefasst wird, bedient sich van der Veer einer Reihe sich stark voneinander absetzender Unterscheidungen (›Religion‹ im Vergleich zu ›Magie‹, ›Religion‹ im Vergleich zu ›Spiritualität‹, ›Religion‹ im Vergleich zu ›Säkularität‹), die uns zu begreifen helfen,

* Vgl. Peter van der Veer, *The Modern Spirit of Asia: The Spiritual and the Secular in China and India*, Princeton 2013.

was hinter der Bedeutungsvielfalt in der modernen religiösen Erfahrung liegt.

Wenden wir uns zunächst dem Gegensatz zwischen ›Religion‹ und ›Magie‹ zu, der in der einen oder anderen Form in all den von van der Veer untersuchten Zivilisationen vorkommt und der für die abrahamitischen Religionen von besonderer Bedeutung ist. Sie alle haben große Sorge in Bezug auf Götzendienst. Ihr Hauptgegner war jenes eigentümliche historische Konstrukt, das als ›Heidentum‹ bezeichnet wird. Tatsächlich sollte die Unterscheidung an sich nicht notwendigerweise den Gegensatz von ›gut‹ und ›böse‹ widerspiegeln: Magie gehört also nicht notwendigerweise zur Handlungsweise von Heiden. Sprechen wir von ›Magie‹, denken wir vor allem an Techniken, um spirituelle Wesenheiten von ungewisser Beschaffenheit zu beeinflussen, die traditionell als Mächte angesehen werden, die über Wirkmächtigkeit verfügen. Dennoch erwies sich die Richtung, die die Kirche im lateinischen Christentum nahm, als eine andere. Für die Entwicklung des Christentums in der frühen Neuzeit stellen wir nämlich fest, dass die aggressive Vorgehensweise gegenüber anderen, als heidnisch erachteten Religionen immer stärker sich um die Magie drehte und auf sie abzielte. Dieser Wandel der Einstellung wurde, wie ich schon sagte, befeuert von einer wachsenden Sorge in Bezug auf den Götzendienst und einer Aversion gegenüber den ›heidnischen‹ Wurzeln der unterschiedlichen Spielarten der Magie oder des Aberglaubens. Daher tritt die Unterscheidung zwischen ›weißer‹ Magie (wie etwa die Heilung einer Tierkrankheit wie der Maul-und-Klauen-Seuche) und ›schwarzer‹ Magie (wie etwa das Töten eines Feindes durch die Kraft eines Fluches oder Zauberspruchs) – im Mittelalter und zu Beginn der frühen Neuzeit in Europa noch allgemein bekannt – ab einem gewissen Zeitpunkt mehr und mehr in den Hintergrund. Letzten Endes blieben am Ende dieser Entwicklung nur eine totale Ächtung der Magie und der scharfe Gegensatz zwischen wahrem Glauben und Götzendienst übrig.

Dieses Resultat, sobald einmal ins Deutsche ›übertragen‹, stimmt mit der ›Entzauberung‹ (oder präziser ›Entmagisierung‹) der Welt überein, wie sie Max Weber diagnostizierte. Letzten Endes könnte man sagen, dass die westliche Auffassung von Magie von den Praktiken geformt wurde, die nach und nach der ›wahren Religion‹ ausgetrieben wurden. Auf diese Weise verfestigte sich eine dualistische Sichtweise darüber, was Magie ist und was sie nicht ist.

Dieser Dualismus spiegelt sich in anderen typisch modernen strengen Zweiteilungen bzw. Dichotomien wie etwa die zwischen Vernunft und Unvernunft, Geist und Körper oder objektiv und subjektiv wider. In meinem Buch *Ein Säkulares Zeitalter* habe ich diese historische Entwicklung im Sinne eines Aufkommens des ›abgepufferten Selbst‹ interpretiert, d. h. im Sinne einer Kultur, die sich selbst begreift auf der Grundlage eines starken Gegensatzes zwischen dem, was ›bedeutungsvoll‹ sein könnte (dem Mentalen), und dem, was grundsätzlich ›bedeutungslos‹ sein könnte (die physisch erfahrbare Welt).* Idealerweise sollte es zwischen den beiden Sphären keine Verwechslung oder poröse Durchlässigkeit geben. Dennoch können die Widersprüchlichkeiten, die mit dem Prozess einhergingen,

* Vgl. Charles Taylor, *A Secular Age*, Harvard 2007, Kap. 1.

der letzten Endes zu der Verbreitung dieser neuen Auffassung führte, eine Person zu sein – das, was ich als das ›abgeschlossene Selbst‹ bezeichnet habe –, uns dabei helfen nachzuvollziehen, wie es überhaupt zu dem außergewöhnlichen und bis heute nie wirklich plausibel begründeten Hexenwahn kommen konnte, der Europa und die Kolonien der Europäer im Verlauf des 17. Jahrhunderts erfasste.

Während für die meisten mittelalterlichen Denker die Existenz von Hexen kein großes Problem darstellte oder [...] als reiner Unfug verworfen[9] werden konnte, kann man die Hexenverfolgungen der frühen Neuzeit teilweise damit erklären, dass sie eine Nebenerscheinung eines wachsenden Bewusstseins für das Sündige der Magie als Gegenpart zum vernünftigen Glauben waren. Dieser Gipfelpunkt intellektueller Finsternis widerspricht, nimmt man ihn wirklich ernst, sicherlich der Auffassung eines unaufhaltsamen Fortschritts Richtung Aufklärung. Doch verlaufen solche kulturellen Entwicklungsrichtungen tatsächlich nie linear und verstärken womöglich zunächst den Einfluss jenes Teils der menschlichen Erfahrung, der ausgetrieben und in die Schatten verbannt wird, dabei aber im Extremfall etwas hervorbringt, das kollektivem Wahnsinn nahekommt.

Abgesehen davon: Schauen wir stattdessen auf den Fall China, erkennen wir schnell einen scharfen Gegensatz. Jene Praktiken, die im Chinesischen *míxìn* genannt werden (dieser Begriff wird gewöhnlich mit ›Aberglaube‹ übersetzt) und zu denen Zauberei, Exorzismus, Wahrsagung, Geistbesessenheit, Schreibmedien, Geomantie (*fēng shuǐ*) usw. gehören, sind, obwohl sie als minderwertig angesehen werden, nie vollständig aus dem religiösen Leben der

Menschen verbannt worden. Obwohl es die Kategorie des ›bösen Kults‹ gibt, der so bezeichnet wird, weil er moralisch inakzeptable Auswirkungen auf die Welt hat, überdauerte in der chinesischen Zivilisation die Vorstellung einer möglichen Koexistenz von etwas Höherem, das als ›Religion‹ bezeichnet wird, und diesen Arten der Abwicklung des Heiligen.

Wie Ihnen vielleicht bekannt ist, werden gegenwärtig fünf grundlegende Religionen in China anerkannt: Daoismus, Buddhismus, Islam, der Katholizismus und der Protestantismus (Letztere werden als zwei voneinander getrennte Religionen, nicht aber als zwei Spielarten ein und desselben religiösen Glaubens verstanden), während ›magische‹ Rituale und Praktiken als gesonderte Realität an sich behandelt werden, und zwar minderwertig, ohne dass man sie dabei als abscheulich stigmatisieren würde. Um es zusammenzufassen: Es nützt nichts, sich auf die westliche Unterscheidung zwischen Magie und Religion zu verlassen, um eine scharf umrissene Definition von ›Religion‹ zu erhalten. Kurz: Man gelangt zu unterschiedlichen Ergebnissen, je nachdem, welche unterschiedlichen kulturellen Kontexte vorliegen und wie die Grenze zwischen Religion und Magie gezogen wird.

Kehren wir zum Fall westliche Welt zurück: Verwenden wir statt Magie und Religion ein anderes konzeptionelles Paar, nämlich ›Religion‹ und ›Spiritualität‹, und eine weitere relevante Abgrenzung, stoßen wir auf eine interessante semantische Nuance. Menschen, die sich in unseren Gesellschaften gern als »spirituell, aber nicht religiös« bezeichnen, vertreten oft Standpunkte wie: »Es ist ja nicht so, dass ich jeden Aspekt von Religion verwerfe: Ich akzeptiere nur die dogmatische Autorität der Kirchen einfach nicht. Wenn es um solche Belange geht, möchte ich selbstständig denken.«

Dahinter steckt jedoch mehr als eine reine Ablehnung von Autorität. Ich würde eine solche Einstellung eher als eine ablehnende Haltung gegenüber dem ›kultischen‹ Aspekt der Religion beschreiben.* ›Spirituelle‹ Menschen lehnen nämlich derartige rituelle Handlungen wie etwa die katholische Messe, die verpflichtenden Gebete der Muslime (Salāt), das Fasten oder die Reinigung vom Aberglauben für Protestanten ab, die im Laufe der Zeit ersonnen und eingeführt wurden, um es den Menschen zu ermöglichen, sich Gott anzunähern. Innerhalb des neuen kulturellen Klimas ist es besonders diese rituelle Dimension, die zur Zielscheibe der Kritik und mit Argwohn betrachtet wird. An ihre Stelle treten spirituelle Praktiken der Meditation, der Askese oder der Selbstdisziplin, und eben diese Praktiken verkörpern nach Ansicht derjenigen, die sie befolgen, die authentische Bedeutung eines wahren spirituellen Bemühens.

Kurz: Wir begegnen hier einem neuartigen Grenzgebiet[10] und einer neuen Definition dessen, was Religion ist. Doch spaltet man im Zuge dieser Herangehensweise, eine Grenze zu ziehen zwischen dem, was ›religiös‹ ist, und

* Ich verwende hier die Vorstellung von ›Kult‹ in Anlehnung daran, wie der Begriff in dem französischen Gesetz zur Trennung von Kirche und Staat von 1905 Verwendung findet. Es wird hier stets auf ›Kulte‹ Bezug genommen, also nicht so sehr auf spezielle Überzeugungen, sondern vielmehr auf die Art und Weise, wie die jeweiligen Überzeugungen von den Gläubigen durch Andachtsübungen wie etwa Liturgie oder Gottesdienst verwirklicht werden.

dem, was ›nicht-religiös‹ ist, etwas auf, was in vielen religiösen und spirituellen Traditionen keineswegs voneinander getrennt ist, nämlich einen innigen gemeinschaftlichen Glauben oder Gottesdienst.

Wenden wir uns abschließend der etablierten Unterscheidung von ›Religion‹ und ›Säkularismus‹ zu, so stoßen wir auf andere interessante Unterschiede, und zwar entsprechend den Kontexten, in denen wir uns befinden. ›Säkular‹, so meine ich, kann in den unterschiedlichen nachachsenzeitlichen Zivilisationen nicht denselben Sinngehalt haben. Besonders augenfällig dürfte in dieser Hinsicht erneut das Beispiel China sein. Tatsächlich hört man oft, China sei immer schon ›säkular‹ gewesen, und viele neigen dazu – trotz des Anachronismus –, diesen angeblichen ›Säkularismus‹ im Zusammenhang mit dem modernen westlichen Kulturkampf zwischen Gläubigen und Skeptikern zu deuten. Diese Leute haben dabei im Sinn, dass der Konfuzianismus streng genommen nie als Religion definiert wurde und lange Zeit die vorherrschende Ideologie im Staat war. Gleichzeitig jedoch erhielt sich der chinesische Staat durch eine Reihe von Ritualen am Leben (denken Sie nur an die Bedeutung der Vier Himmelskönige bzw. der Hüter der vier Hauptrichtungen[11]) und war deshalb entsprechend dem vorherrschenden modernen Sinn nach weder ›säkular‹ noch ›religiös‹.

Und in der Tat: Fragt man Chinesen, wie ihre religiösen Überzeugungen aussehen, würden die meisten antworten, dass sie keiner Religion angehören. Doch selbst dann, wenn sie ihre wahren Überzeugungen aus Gründen der Vorsicht verbergen, praktizieren sie oft *fēng shuǐ* oder andere ›Kulte‹. Die Wahrheit lautet also: Will man dem Konfuzianismus einen angeblich säkularen Status zuschreiben, so kann man dies nicht ablösen von den Unterscheidungen von ›Religion und Magie‹ und ›Religion und Spiritualität‹, wie es weiter oben erörtert wurde. Nur dann, wenn man diese Unterscheidung übersieht, kann man behaupten, die Mehrheit der Chinesen sei heute nicht religiös, solange sie nämlich regelmäßig versöhnende oder fromme Riten praktizieren und deshalb kein streng genommen säkulares Leben gemessen an dem, was man in der modernen westlichen Welt für gewöhnlich unter Säkularismus versteht, führen.

4. Eine dynamische Bedeutungsvielfalt

Bislang habe ich die Bedeutungsvielfalt des Begriffs ›Religion‹ im Wesentlichen im oben erläuterten statischen Sinne erörtert. Das, was wir in der modernen westlichen Welt normalerweise unter ›Religion‹ verstehen, hatte vor der achsenzeitlichen Wende eine bestimmte und nach der achsenzeitlichen Wende wiederum eine andere Bedeutung. Und innerhalb eines nachachsenzeitlichen Kontexts bezeichnet ›religiös zu sein‹ unterschiedliche Dinge, nämlich jeweils entsprechend den unterschiedlichen Zivilisationen, in denen die achsenzeitliche Revolution Gestalt annahm. Die Versuchung ist groß, dieselben Konzepte zu benutzen, doch geschieht dies auf eigene Gefahr, denn die Bedeutung der Konzepte verändert sich je nach Kontext und im Licht der gesamten Konstellation von Praktiken, Überzeugungen und Einstellungen, in denen diese Konzepte in diesem speziellen Kontext Anwendung finden.

Von jetzt an möchte ich die Bedeutungsvielfalt von ›Religion‹ aus einer dynamischeren Perspektive untersuchen. Dabei werde ich mich insbesondere auf jene Fälle konzentrieren, in denen Religion als Identitätsmarker für politische Mobilisierung dient. An anderer Stelle habe ich gefordert, dass die Bürger des modernen Nationalstaats gemäß seinen politischen Institutionen ständig davon überzeugt oder bisweilen sogar dazu gezwungen werden müssen, als kollektive Akteure in Erscheinung zu treten.* Innerhalb

* Vgl. Charles Taylor, »Democratic Exclusion (And Its Remedies?)«, in: *Dilemmas and Connections. Selected Essays*, Cambridge 2011, S. 124–145.

dieses Kontexts dienen tief verwurzelte oder schlichtweg imaginierte nationale Identitäten oftmals als effektives Mittel dafür, um Menschen zu rekrutieren und zu mobilisieren. Religion wiederum kann dazu beitragen, diesen Identitäten bei jenen, die sie aufgreifen und praktizieren, noch mehr Widerhall zu geben.

Es ist dem Mangel an Zeit und Platz geschuldet, dass ich nicht imstande sein werde, mehr als ein paar in diesem Zusammenhang relevante historische Beispiele anzuführen, die ich gleichzeitig getrennt voneinander und zusammenhängend präsentieren möchte.

Wie kommt es, dass Religion zu einem Kennzeichen für eine politische Organisation wird?

Ich beginne mit jenen Mobilisierungen, die auf einer ›ursprünglichen‹ Interpretation der religiösen Identität eines Volkes beruhen. Diese ursprünglichen Zugriffsweisen stützen sich auf eine machtvolle Intuition. Allem liegt die Vorstellung zugrunde, dass man, um die Gesellschaft wiederzubeleben, der man angehört, notwendigerweise zu den Ursprüngen zurückkehren muss, weil die eigene Zivilisation (oder Gemeinschaft oder Tradition) nur in grauer Vorzeit wahrhaft reichhaltig und authentisch war oder gedeihen konnte usw. Um dies zu erreichen, kann Politik ein effektives Mittel sein, insbesondere dann, wenn die gegenwärtige Situation als ein Stadium des Niedergangs und der Unterdrückung erlebt wird oder man den Eindruck hat, von äußeren Faktoren beherrscht zu werden. Indem man politisch aktiv wird, kann man also näher zu den Ursprüngen der eigenen Identität gelangen und die Zivilgesellschaft gegen Korruption in Schutz nehmen.

Dieses starke Gefühl von Nostalgie in Bezug auf vergangene Zeiten und Orte teilen heutzutage viele Menschen, unabhängig davon, ob es sich um Muslime, Christen oder Angehörige anderer Glaubensrichtungen handelt. Der andauernde Erfolg der Muslimbruderschaft in der islamischen Welt etwa lässt sich zum Teil mit der Feindseligkeit dieser Bewegung gegenüber der modernen Welt erklären, aber auch mit ihrer auf Konfrontation ausgerichteten Suche nach der besten Formel für eine gerechte Gesellschaft, die sich etwa von Kommunisten, Nationalisten, Säkularisten oder Liberalen abgrenzt. Einerseits haben wir hier die Diagnose, dass die westliche Moderne versagt, andererseits einen Aufruf, aktiv jene Ursprünge einer verlorenen Lebensweise wiederaufleben zu lassen, die besser war als die gegenwärtige.

Hier ist nun subtile Ironie am Werk. Denn trotz der Absichten der daran beteiligten Menschen erscheint uns diese Aufforderung, andere zu mobilisieren, paradoxerweise sehr modern. Oft hören wir, der strenge religiöse Buchstabenglaube und der Fundamentalismus seien kein Erbe der Vergangenheit und beides habe es nicht gegeben, bevor die moderne Lebensform die vorherrschende Lebensweise auf dem Planeten wurde. So gesehen gehört ein gewisser unfreiwilliger Einfallsreichtum zu der ursprünglichen Bewegung, die dem eigenen selbsternannten Traditionalismus zuwiderläuft. Und dieser Einfallsreichtum wird in mehreren politischen Kontexten von militanten in unserem Sinne ursprünglichen Minderheiten ausgelebt, die versuchen, ihre Sichtweisen der Mehrheit ihrer Glaubensgenossen aufzuzwingen, die sich aus Sicht der Minderheiten auf einem Irrweg befindet. Ein typisches Beispiel bietet Indonesien, wo die Interpretation des Islam mehrheitlich offen ist und in Einklang gebracht wird mit Indonesiens hindu-buddhistischen Ursprüngen, während gleichzeitig eine Minderheit von kompromisslosen Salafisten zurückschlagen und das wiederherstellen wollen, was sie als eine reinere Version des Islam verstehen.

In diesem Sinne mag es uns erstaunen, wenn wir erkennen, dass Religion auch als eine entscheidende Waffe im Kampf gegen den Kolonialismus liberaler Bewegungen eingesetzt wurde, die keinesfalls ursprünglich zu sein scheinen. Das trifft insbesondere auf arabische Länder zu, deren Gefühl, eine gemeinsame historische Identität zu haben, oftmals einherging mit der Wiederentdeckung ihrer religiösen Wurzeln. Doch ist der Prozess, der von dem Bedürfnis nach Mobilisierung ausgelöst wird, in Wirklichkeit sehr viel komplexer und überraschender als das. Tatsächlich können die Menschen eine sehr spezielle Vorstellung von ihrer ›Religion‹ bekommen. Sie können sich zum Beispiel mit einer bestimmten historischen Zivilisation identifizieren und darin weniger einen ›Kult‹ oder eine vertraute spirituelle Bezugsquelle, als vielmehr ein starkes politisches Merkmal gegen jemand anderen sehen.

Wenn wir uns zum Beispiel die Debatten vergegenwärtigen, die aufkamen, als die Türkei sich erhoffte, der Europäischen Union beitreten zu können, stellen wir ohne Weiteres fest, dass der Verweis auf das Christentum in vielen Fällen von säkular eingestellten Politikern gemacht wurde, und zwar mit explizit anti-islamischer Absicht, und dass mit diesem Verweis bloß eine oberflächliche Zugehörigkeit zu einer besonderen Zivilisation oder historischen Kultur signalisiert wurde. Mit anderen Worten: Die Zielsetzung war klar weltlich, und ›Religion‹ – in diesem Fall das Christentum – wurde nur instrumentalisierend ins Spiel gebracht, um diese Ziele zu erreichen (falls Sie nicht überzeugt sein sollten, denken Sie nur an Milošević[12] gestern und Viktor Orbán[13] heute). Etwas Ähnliches ereignete sich im Zusammenhang mit der Indischen Volkspartei (BJP): Einer ihrer spirituellen Führer (Vinayak Damodar Savarkar[14]) war ein selbsternannter Atheist, der in der legendären Frömmigkeit und Hingabe der Inder den Keim für eine mögliche politische Identität sah – den hinduistischen Nationalismus (Hindutva). Bei genauerer Betrachtung ist jedoch keine große universelle Religion – auch nicht die Theravāda-Tradition[15] des Buddhismus, wie man am Beispiel von Sri Lanka oder Burma sehen kann – gegen die Versuchung gefeit, Religion in den Dienst einer bestimmten politischen Organisation oder Lebensweise zu stellen.

Natürlich ist jeder Fall anders gelagert, doch bleibt letzten Endes eine Vorstellung davon übrig, dass Religion Identität markiert in dem Sinne, dass dieser Marker sich dafür eignet, festzulegen, wer zur Gemeinschaft gehört und wer nicht, der als solcher aber meistens nur wenig zu tun hat mit Verehrung oder Spiritualität.

Doch liegen die Dinge noch komplizierter (und dynamischer) als das. Denn im Verlauf der letzten 50 Jahre sind wir Zeuge einer graduellen Verschiebung geworden: Religion wurde nicht mehr als Zivilisationsmarker (oder als ›bürgerliche Religion‹) genutzt, sondern wurde zum eigentlichen Ziel des politischen Konflikts. Die komplizierte Lage in Pakistan bietet ein exzellentes Beispiel für solch eine Verschiebung. Mohammad Ali Jinnah[16], der Gründungsvater des pakistanischen Staats, hatte eine offene und tolerante

Vorstellung vom Islam. Er war imstande, authentische religiöse Hingabe, ein tiefes Gespür für die islamische Identität der Nation, aber auch eine bemerkenswerte Toleranz gegenüber den Unterschieden, die der muslimischen religiösen Tradition innewohnen, miteinander in Einklang zu bringen. Sollte man Pakistans Entwicklungsverlauf während der letzten fünfzig Jahre beschreiben, wüsste man nicht, wie man ihn angemessen darstellen soll, wenn nicht als eine konstante Verschiebung hin zu einer immer engeren Auslegung der sunnitischen Identität des Landes. Geradezu symbolisch aus diesem Blickwinkel ist der Entwicklungsverlauf der North Western Frontier Province (NWFP), eines Gebiets, das heute eher für die Gräueltaten der Taliban bekannt ist und nicht so sehr für das pazifistische Vermächtnis des Abdul Ghaffar Khan[17] (auch Badshah Khan), der auch der ›Frontier Gandhi‹ genannt wurde – Khan setzte sich sein ganzes Leben für das Ideal einer religiösen Harmonie ein, für ein Ideal, das gegenwärtig überall auf der Welt utopisch zu sein scheint.[18]

In der Zwischenzeit war also etwas passiert, und diese Veränderung ruft Bestürzung hervor. Es ist nicht leicht, diese Verschiebung hin zu einer ursprünglichen und puristischen Auffassung von Religion vollständig zu verstehen, insbesondere dann, wenn wir uns eine beunruhigend politisch-religiöse Bewegung wie Boko Haram[19] ansehen, deren blutige Verbrechen 2014 im Norden Nigerias in den Nachrichten in den Mittelpunkt rückten, als 276 Schülerinnen von ihnen entführt wurden. Eines sollte inzwischen einleuchten: Das, was ich oben ›Ursprünglichkeit‹ genannt habe, also die Überzeugung, das Heil könne man nur erlangen, indem man Menschen bekehrt, die auf Biegen und

Brechen der Reinheit des Ursprungs sich unterwürfig zeigen sollen, stellt jedoch ein zwiespältiges historisches Phänomen dar. Befeuert wird es offensichtlich nicht nur von der Aussicht auf ein Wiedererstarken oder auf eine historische Vergeltung gegenüber kolonialen oder neokolonialen Mächten, sondern auch – wenn nicht gar in erster Linie – von einem Gefühl von Unordnung, Korruption, Ungerechtigkeit, Unreinheit, hervorgerufen von einer politischen und sozialen Realität, die als degeneriertes Produkt des modernen westlichen Einflusses empfunden wird.

Dennoch gibt es, um es zum Abschluss zu bringen, nichts Unvermeidliches an diesem Prozess. Das ist die Hauptlehre, die ich aus meiner statisch-dynamischen Analyse der Bedeutungsvielfalt der ›Religion‹ ziehe. Hinter vielen heutigen Beispielen von religiöser Gewalt stecken in Wahrheit zufällige Ursachen. Denken Sie nur an Öl. Diejenigen, die behaupten, die Hauptursache unserer heutigen Probleme rühre, politisch gesprochen, daher, dass der Großteil der fossilen Brennstoffe im Boden der arabischen Halbinsel lagere, sind im Grunde gar nicht so weit von der Wahrheit entfernt. Mit dieser Erkenntnis richten wir womöglich den Blick auf einige relativ marginale historische Ereignisse, wie etwa die Kampfhandlungen während und nach dem Ersten Weltkrieg, die darauf abzielten, die Kontrolle über Mekka[20] zu erlangen. Vor diesem Hintergrund stellt sich die Niederlage der Haschemiten[21], die sie im Krieg um die Provinzen Hedschas und Nadschd gegen den saudischen Sultan Abd al-Aziz ibn Saud[22] erlitten, schlussendlich als eine globale politische Katastrophe dar, da einem Regime, das von einer ursprünglichen Auffassung in Bezug auf den Islam durchdrungen war, Unmengen Geld in die Hände fiel. Dieses Geld verwendete das Regime dann, um seine Auffassung vom Islam überallhin zu verbreiten.

Obwohl historische Ereignisse wie dieses den Verlauf der Geschichte in eine bestimmte Richtung gelenkt haben, bedeutet das noch lange nicht, dass wir uns in Fatalismus abfinden und dem Unerwarteten und Zufälligen in der Geschichte der Menschheit jede Rolle absprechen müssen. Selbst in unserer Zeit sind Anzeichen für einen anderen Trend erkennbar, etwa die politischen Veränderungen in Tunesien, die eine ganz andere Entwicklung nahmen als die tragische Entwicklung, die zum blutigen Bürgerkrieg in Syrien führte.

Doch auch dann, wenn kein fatales Verhängnis mit im Spiel ist, müssen diejenigen, die eine deterministische Auffassung von Geschichte verwerfen, trotzdem erklären, wie es in jüngerer Zeit zu der Verschiebung zum Ursprungsdenken kommen konnte. Das müsste weiter untersucht werden, und zwar auch deshalb, weil diese Verschiebung das übrige religiöse Leben nicht unverändert ließ. Es zeigen sich in der Tat systemische Effekte in der Geschichte der Menschheit, die übersehen oder missachtet werden, auf eigenes Risiko. Die Auswirkungen des Ursprungsdenkens auf den globalen öffentlichen Raum der Spätmoderne sind nicht von der Hand zu weisen. Das Verlangen, die eigene Identität einer Reinigung zu unterziehen, wird sogar tendenziell größer, wenn sich der Kampf um internationale Anerkennung verstärkt und immer gewaltsamer vonstattengeht. Die Situation ähnelt einem Wettrüsten: Ständig kämpft man gegen die Identität anderer, und ständig reinigt man die eigene Identität in Bezug auf andere.

Dieselbe Logik ist auch in der disproportionalen symbolischen Bedeutung am Werk, die ein marginales soziales Phänomen wie das islamische Kopftuch, der Hijab (auch Hidschāb), im Verlauf der letzten Jahrzehnte bekommen hat. Wie Nilüfer Göle[23] in ihren Büchern über die Türkei gezeigt hat, entwickelte sich das Kopftuch unmittelbar nach Atatürks[24] Vorhaben, die Einstellung türkischer Frauen zum Leben zu verwestlichen, nach und nach zum politischen Zankapfel. In diesem Zuge wurde es von den Gegnern des Säkularismus als fundamentaler Bestandteil einer islamischen, politisch-religiösen Identität ins Feld geführt.* Sowie der perverse Mechanismus von Aktion und Reaktion einmal in Gang gesetzt worden war, verblasste die Sensibilität für leisere Zwischentöne sogar auf der anderen Seite der Barrikade immer weiter, und so wurde das Kopftuch letzten Endes allgemein als Objekt eines Ursprungskampfes – eines ›Kulturkampfes‹ – wahrgenommen. Dieser Kreislauf aus Reaktionen ist Teil jener Dynamik, von der ich hier spreche.

Daher können Menschen, die über kein ausgefeiltes Verständnis von Geschichte oder Theologie verfügen, dogmatisch davon überzeugt sein, die Geschichte der Menschheit kreise um einen Ursprünglichkeits-Konflikt zwischen dem Islam und dem Westen, ganz so, als würden wir immer noch im Schatten der türkischen Belagerung Wiens aus dem Jahr 1683 leben. Doch ist das Gegenteil der Fall: Kratzt man auch nur ein wenig an der Oberfläche, wird schnell deutlich, dass der wahre Kampf innerhalb des Islam ausge-

* Vgl. Nilüfer Göle, *The Forbidden Modern: Civilization and Veiling*, Ann Arbor 1996.

tragen wird: Die von Saudi-Arabien geführten Sunniten treten an gegen die vom Iran unterstützten Schiiten (d. h. die Anhänger der Schia). Auch wenn sich beide Strömungen noch nicht direkt militärisch gegenübergestanden haben, so tragen sie ihre Konflikte in jedem für sie günstigen geopolitischen Szenario über Dritte aus (das tragischste Beispiel dafür ist sicher der Bürgerkrieg in Syrien). Im Nachhinein könnte man sagen, dass die Geschichte unerwartete Wege eingeschlagen hat. Wir brauchen uns bloß in Erinnerung zu rufen, dass die Revolution im Iran 1979 ursprünglich nicht als religiös motivierte Revolution verstanden wurde. Erst im Lauf der Zeit ergab sich für die religiös-politische Führungsriege der Schiiten die Gelegenheit, Vergeltung zu üben – und das wiederum löste dann die sunnitische Reaktion aus. Auch hier sehen wir, dass geschichtliche Kontingenzen am Werk sind.

Wie Sie es vielleicht schon selbst richtig erraten haben, ähnelt der Mittlere Osten einem Porzellanladen, den heutzutage eine Horde ganz besonders unvorsichtiger Elefanten betreibt. Und in diesem Zusammenhang ist es auch wenig hilfreich, dass sich heutzutage sogar im Westen neue ›ursprüngliche‹ Ideologien etablieren. Es handelt sich dabei zumeist um verschiedene Ausprägungen eines alles Fremde hassenden, xenophoben Populismus, wobei dem Verlangen danach, »Herr im eigenen Hause zu sein«, große Bedeutung beigemessen wird. In dieser Perspektive betrachtet scheint zum Beispiel Donald Trumps[25] absichtlich impulsive und theatralische Außenpolitik nicht gerade die beste Strategie gewesen zu sein, um einen vorhersehbaren Krieg zwischen dem Iran und Saudi-Arabien zu verhindern.

Es ist aber noch eine weitere Dynamik am Werk, die, bevor ich zum Abschluss kommen will, durchaus erwähnenswert ist. Das Gleichgewicht innerhalb der religiösen Praktiken wird, so mein Argument, von der Vorstellung beeinträchtigt, dass wir uns gegen andere Menschen verteidigen müssen, die etwas an unserem Selbstverständnis verändern wollen. Weitere Opfer dieses symbolischen Kampfes stellen jene Dimensionen des Glaubens dar, die die wahrhaft spirituellen Dimensionen ausmachen. Gemeint sind die Elemente religiöser Erfahrung, die tatsächlich in die Ecke gedrängt werden.

Eines der Hauptresultate des Dynamisierungsprozesses im Verständnis der Menschen von ›Religion‹ besteht demzufolge in einer Radikalisierung symbolischer Konflikte, und das eigentliche Opfer ist in vielen Fällen eben jene spirituelle Dimension des religiösen Lebens. An dieser Stelle stoßen wir auf eine weitere Quelle der Dynamisierung, die meiner Ansicht nach sehr wichtig ist, solange sie auf schicksalhafte Weise das innere Gleichgewicht religiösen Lebens beeinträchtigt. Ein empirischer Beweis für diese Behauptung besteht im Schicksal des Sufismus[26] im Zusammenhang der ständigen Mobilisierung, die weiter oben erörtert wurde. Tatsächlich wird der Sufismus mit seiner ursprünglich spirituellen und esoterischen Orientierung sowohl in sunnitisch als auch in schiitisch geprägten Ländern mit Argwohn betrachtet und oft von Ursprünglichkeits-Vertretern verfolgt. Eine derartige ideologische Feindseligkeit könnte dazu führen, dass die Menschheit eine immense spirituelle Verarmung erleidet. Wie Michel de Certeau[27] in einer zu Recht gerühmten Studie aufgezeigt hat, war der Mystizismus immer schon zu allen Zeiten (zumindest nach der achsenzeitlichen Wende) und an allen Orten der Welt ein Stachel im Fleisch der religiösen Institutionen gewesen.* Da diese Erfahrung aber universal ist, kann man vernünftigerweise von allen, die guten Willens sind – ungeachtet der Zivilisation, der sie angehören –, erwarten, dass sie ihren Beitrag dazu leisten, das diese spirituelle Tragödie gar nicht erst ihren Lauf nimmt oder zumindest so gut wie irgend möglich eingedämmt wird.

* Vgl. Michel de Certeau, *La Fable mystique. XVIe–XVIIe siècle*, Paris 1982; *Mystische Fabel. 16. bis 17. Jahrhundert*, übers. von Michael Lauble, Berlin 2010.

5. Fazit

Die Bedeutungsvielfalt des Begriffes ›Religion‹ ist eine Tatsache, die wir ernst nehmen sollten. Sie vollzieht sich sowohl statisch als auch dynamisch. Einerseits spiegelt ihre Bedeutungsvielfalt wider, auf welch unterschiedliche Weise ›Religion‹ in den unterschiedlichen nationalen, kulturellen und historischen Kontexten aufgefasst und gelebt wird. Andererseits vollzieht sich die Bedeutungsvielfalt dynamisch und gibt wieder, wie Religion benutzt wird, und zwar als Kraft, die imstande ist, Menschen zu mobilisieren und die Identitäten dieser Menschen wechselseitig und kontrastiv zu formen. Diese Dynamisierung ist oftmals Ausdruck einer Feindseligkeit gegenüber äußeren Gegnern, doch hat dieser konfliktgeladene Impuls auch Auswirkungen auf die Sichtweisen derjenigen, die ursprünglich für diesen Konflikt verantwortlich sind.

Die Aufgabe für diejenigen, die sich mit religiösen Phänomenen beschäftigen, wird sicherlich nicht gerade einfacher angesichts dieser Verflechtung von statischen und dynamischen Elementen. Daher brauche ich wohl auch nicht hinzuzufügen, dass es keine Alternative gibt, wenn wir das Ziel verfolgen, die richtigen Entscheidungen zu treffen: Wir müssen diese Komplexität so gut, wie wir irgendwie können, begreifen.

Zu dieser Ausgabe

Die hier vorliegende Fassung von *Was ist Religion?* ist die von Charles Taylor überarbeitete und durchgesehene Abschrift einer Rede, die er am 17. Mai 2018 am Institut für die Wissenschaften vom Menschen in Wien gehalten hat. Veröffentlicht wurde sie zuerst in einer italienischen Übersetzung von Paolo Costa in *Annali di Studi Religiosi* 20 (2019) S. 9–22. (Online: https://books.fbk.eu/media/uploads/files/1._Taylor.pdf)

Verlag und Herausgeber danken Professor Michael Staudigl, Universität Wien, für wertvolle Hilfe.

Anmerkungen

1. Was ist Religion?

1 *Deismus:* Auffassung, nach der Gott die Welt zwar geschaffen hat, nach der Schöpfung aber keinen Einfluss mehr auf sie nimmt.
2 *Brahmo Sabha:* Reformbewegung im Hinduismus während der bengalischen Renaissance, die 1828 von Ram Mohan Roy (1772–1833) gegründet wurde und monotheistische Elemente aufnimmt. Vorläufer des Brahmo Samaj.
3 *Brahmo Samaj:* Hinduistische Reformbewegung, Nachfolger des Brahmo Sabha und bis heute existierende Religionsgemeinschaft in Indien.

2. Die achsenzeitliche Wende

4 *Shmuel Eisenstadt:* 1923–2010, israelischer Soziologe, der besonders für seine These einer Vielzahl von Modernen (»multiple modernities«) bekannt wurde.
5 *Björn Wittrock:* *1945, schwedischer Soziologe, untersuchte neben der Entstehung der Moderne die Achsenzeit-These genauer, vgl. den von ihm mitherausgegebenen Band *Axial Civilizations and World History* (Arnason/Eisenstadt/Wittrock 2004) sowie seinen Aufsatz »The Axial Age in Global History: Cultural Crystallizations and Societal Transformations« (Wittrock 2012).
6 *Robert N. Bellah:* 1927–2013, amerikanischer Soziologe, vgl. »The Heritage of the Axial Age. Ressource or Burden?« (Bellah 2012).
7 *Bhikkhu:* Pali, ›Bettler / Almosen Erbettelnder / buddhistischer Mönch‹.

3. Nachachsenzeitliche Religionen: Universell, aber unterschiedlich

8 *Peter van der Veer:* *1953, niederländischer Anthropologe, seit 2008 Direktor der Abteilung für religiöse Vielfalt des Göttinger Max-Planck-Instituts zur Erforschung multireligiöser und multiethnischer Gesellschaften.

9 *als reiner Unfug verworfen:* Augustinus (354–430) zum Beispiel, einer der großen Kirchenväter, beschäftigte sich ausführlicher mit den Auswirkungen von Magie und Zauberei, maß deren (angebliche) Wirkungen auf den Menschen aber keine allzu große Bedeutung bei. Allein für den Wunsch nach einem Pakt mit dem Teufel sollten die Menschen Buße tun.

10 *Grenzgebiet:* engl. *frontier*, gemeint ist damit nicht eine schmale Grenze, sondern ein Grenzgebiet, das erobert und zivilisiert wird, um sich unmittelbar im Anschluss eine neue *frontier* zu suchen. Frederick Jackson Turner (1861–1932) beschrieb diese Bewegung wirkungsmächtig als typisch für die Eroberungsbewegungen der Nordamerikaner nach Westen hin.

11 *Vier ... Hauptrichtungen:* engl. *cardinal directions*, meint die vier spirituellen Wesen (*Sì Xiàng*) bzw. die vier himmlischen Embleme, die jede eine Himmelsrichtung bewachen, nämlich die Schildkröte (Schwarzer Krieger, für Norden, Winter, Schwärze und Wasser), den Weißen Tiger (Kirin, für Westen, Frühling, Weiße und Metall), den Roten Vogel (Phoenix, für Süden, Sommer, Röte und Feuer) sowie den Drachen (für Osten, Frühling, Bläue bzw. Grüne und Holz).

4. Eine dynamische Bedeutungsvielfalt

12 *Milošević:* Slobodan Milošević (1941–2006), von 1989 bis 1991 Präsident der Sozialistischen Republik Serbien, von 1991 bis 1997 Präsident der Republik Serbien und von 1997 bis 2000 Präsident der Bundesrepublik Jugoslawien, 1999 nach dem Kosovo-Krieg

angeklagt vor dem Den Haager Tribunal wegen Verbrechen gegen die Menschlichkeit.

13 *Viktor Orbán:* *1963, seit 1993 Vorsitzender der Partei Fidesz in Ungarn, wird seit seiner Wiederwahl als Ministerpräident 2010 beschuldigt, systematisch die Menschenrechte und die demokratischen Strukturen in Ungarn auszuhebeln.

14 *Vinayak Damodar Savarkar:* 1883–1966, indischer Politiker, entwickelte eine extrem nationalistische Hindu-Ideologie ›Hindutva‹.

15 *Theravāda-Tradition:* Pali ›Schule der Ältesten‹, die älteste Tradition des Buddhismus, die sich auf die Mönchsgemeinde der frühesten Schüler Buddhas gründet.

16 *Mohammad Ali Jinnah:* 1876–1946, Gründer des Staates Pakistan.

17 *Abdul Ghaffar Khan:* um 1890–1988, paschtunischer Freiheitskämpfer, der Gandhis Techniken des gewaltlosen Widerstandes erfolgreich anwendete.

18 *Khan setzte sich ... sein scheint:* vgl. Banerjee 2000.

19 *Boko Haram:* islamistische Terrorbewegung in Nigeria und umliegenden Ländern, die für die Einsetzung der Scharia und die Ermordung von Christen und Muslimen, die sich gegen sie wenden, eintritt.

20 *Mekka:* Stadt im westlichen Saudi-Arabien, heiligste Stätte des Islam, Geburtsort des Propheten Mohammed.

21 *Haschemiten:* Clan des mekkanischen Stammes der Quarisch, benannt nach dem Urgroßvater des Propheten Mohammed Hāschim ibn 'Abd Manāf.

22 *Abd al-Aziz ibn Saud:* 1875–1953, erster König Saudi-Arabiens, wurde nach 1938 bzw. dem Beginn der Erdölförderung zu einem der reichsten Herrscher der Welt.

23 *Nilüfer Göle:* *1953, türkische Soziologin.

24 *Atatürks:* Kemal Atatürk (1881–1938), Begründer der Republik Türkei.

25 *Trumps:* Donald Trump *1946, ehemaliger US-Präsident, der unter anderem für seine impulsiv-unüberlegten Twitter-Kommentare bekannt wurde.

26 *Sufismus:* Sammelbezeichnung für islamische Strömungen, die Askese und eine spirituelle Ausrichtung propagieren.

27 *Michel de Certeau:* 1925–1986, französischer Soziologe, Historiker und Kulturphilosoph.

Nachwort

Die große Erzählung: Viel-Kulturalität und die Religion (für Füchse)

Charles Taylor ist ein Denker von Weltruhm, ein mit dem John-W.-Kluge Preis (der oft als ›Nobelpreis für Philosophie‹ bezeichnet wird) ausgezeichneter Gelehrter. Wie kein anderer verfolgte er unsere Geschichten über die Herkunft der Moderne und veränderte so unseren Blick auf uns selbst. Wer sich in den Diskussionen über Moral und Gerechtigkeit an John Rawls (1921–2002), Amartya Sen (*1933) oder an Jürgen Habermas (*1929) orientiert, der wird mit der gleichen Selbstverständlichkeit auch Charles Taylor zu Rate ziehen wollen, wenn es um Antworten auf Fragen unserer westlichen Identität geht. Wer heute nämlich die Gegenwart besser verstehen will, und das heißt: nicht nur wissen will, wer wir sind und wie wir das geworden sind, was wir sind, sondern auch in Erfahrung bringen möchte, welche Herausforderungen wir zukünftig zu bewältigen haben, kommt an Taylors Deutungen nicht vorbei.

Dabei war anfangs noch gar nicht abzusehen gewesen, dass seine Überlegungen einen derart bestimmenden Eindruck hinterlassen werden. Ende der 1980er Jahre veröffentlichte er seine große Monographie *Sources of the Self. The Making of the Modern Identity* (1989; dt.: *Quellen des Selbst. Die Entstehung der neuzeitlichen Identität*, 1994): Allein schon die Titelgebung galt vielen als zu substanzialistisch, als zu rückwärtsgewandt, um den demokratischen Siegeszug der Vernunft über den Kommunismus am »Ende der Geschichte«[1] begreiflich zu machen; hier schien das Allgemeine von einem vorrationalen Guten abhängig zu bleiben, was dem großzügigen emanzipatorischen Eros der Aufklärung nach Meinung vieler widersprach.

Ähnlich unzeitgemäß war auch Taylors wichtigstes Werk *A Secular Age* (2007; dt. *Ein säkulares Zeitalter*, 2009), das er fast 20 Jahre später der Öffentlichkeit vorlegte. In einer Phase, in der die Terroranschläge des 11. September auch die Selbstgewissheit eines scheinbar überlegenen säkularen Menschenbildes zum Einsturz gebracht hatten, wuchs der weltanschauliche Bedarf nach einer sozial-evolutionären Beglaubigungsphilosophie an. Wenigstens die Vernunft, so die Hoffnung, sollte sicherstellen können, dass wir nach wie vor in der besten aller möglichen Welten leben.

Doch mit welcher Antwort wartete Taylor auf? Anstatt das Projekt der säkularen Moderne noch entschiedener voranzutreiben, verlegte er zum Erstaunen vieler die Ursprünge der Fortschrittsidee aus dem Vernunfthimmel der Teleologie hinunter in den kontingenten Sinn menschlicher Verstehensabläufe. Doch damit nicht genug: Die Legitimität der Moderne sollte fortan auch nicht mehr an ihren Selbstbehauptungskräften gegenüber der Religion gemessen werden. Vielmehr bestimmte Taylor den Rationalisierungs- und Zivilisierungsgrad einer aufgeklärten Gesellschaft von der Durchlässigkeit ihrer spirituellen Optionen her: Nicht die Übereinstimmung, nicht der Konsens, sondern die Möglichkeit zur spirituellen Bekehrung sollte das zukünftige Netzwerk einer dichten, vernünftigen und in sich vielstimmigen Moderne dirigieren.

Leicht kann man sich ausmalen, dass solche Vorstellungen über die Gleichzeitigkeit verschiedenster Resonanzquellen nicht mit der Architektur einer säkularen Welt zusammenpassen. Deren Bauplan sieht nämlich ausgerechnet an den Stellen Mauern und Trennungen vor, wo Taylor Brücken und Übergänge einzeichnet. Taylor warnt deshalb vor einem liberalistischen Fehlschluss, der leicht in den Verdacht geraten kann, unter dem Deckmantel der Rechtsstaatlichkeit das ideologische Programm einer zivilgesellschaftlichen Säkularisierung vorantreiben zu wollen. Das darf jedoch nicht sein, denn für Taylor ist die rechtsstaatliche Neutralität eine Antwort auf spirituelle Vielfalt; sie konzentriert sich nicht allein auf Religion, sondern ihre prinzipiengeleiteten Verfahren der Distanznahme gelten in Bezug auf alle Weltanschauungen: Die rechtsstaatliche Neutralität umfasst also weder Kant noch Gott, sondern sie schließt die Freiheit sowohl von als auch zur Religion ein.

Die institutionellen Funktionen der Säkularisierung im Sinne Taylors sollen somit das unendliche Ausdrucksrepertoire des Menschen, in dem sich seine Freiheit artikuliert, schützen. Sie stehen nicht in Diensten eines politischen Weltbildes, dessen Legitimität sich einzig und allein an der Höhe der Brandmauer bemisst, die die moderne Gesellschaft errichtet, um sich vor den bösen, intoleranten Blicken der Religion zu schützen Der menschliche Ausdruck ist vielmehr zweckfrei. Spätestens an dieser Stelle zeigt sich das Lebensthema Taylors, das sich der Erschließung von einflussreichen, über das Selbst hinausweisenden Quellen des Guten widmet.

Schon früh hatte sich Taylor als bedeutender Kritiker einer naturalistischen Interpretation des menschlichen Lebens hervorgetan – und seitdem hat er seine diesbezüglichen Ansichten über die Unhintergehbarkeit des Guten bei der Bestimmung des Menschen in immer neuen Anläufen verfeinert und strukturiert: Von der frühen Ablehnung des behavioristischen Reiz-Reaktions-Modells über die gemeinsinnorientierte Ausarbeitung einer starken Konzeption des Guten bis hin zur Abrechnung mit dem modernen Fetisch der Verweltlichung bzw. Säkularisierung: Stets argumentiert Taylor von einer vollen, unserem Leben Orientierung gebenden Identität aus. Ähnlich wie Ludwig Wittgenstein die Aufgabe der Philosophie darin sah, der Fliege den Weg aus dem Fliegenglas zu weisen, geht es Taylor darum, den durch naturalistische Erkenntnisinteressen ausgelösten Versteinerungsprozess der Moderne aufzuhalten und einen erzählerischen Ausweg aus dem Labyrinth geistloser Selbst- und Weltbeziehungen zu spinnen.

Diese Auswege aus den Malaisen der Moderne müssen aber nach Taylor mit unserer Identität verknüpft sein; sie können den Menschen nicht einfach so übergestülpt werden, denn dann blieben sie seinem Wesen außen vor. Insofern entwickelt er ein narratives Gegenkonzept zu den analytischen Modellen, die ihre säkularen Selbstbeschreibungen allein aus dem unberührbaren Reich der menschlichen Vernunft entnehmen wollen. Denn für ihn ist Entzauberung nicht ohne Resonanz, Rationalisierung nicht ohne Ethik und Säkularität nicht ohne das Gute denkbar. Beide Ebenen, die der historischen Erklärung und die des hermeneutischen Verstehens, müssen vielmehr zusammengeführt werden, denn Menschen sind expressive Wesen, die keinen erkenntnistheoretisch privilegierten Weltzugang besitzen. Oder anders ausgedrückt: Platons Philosophenkönige haben bei Taylor endgültig abgedankt, und an ihre Stelle tritt der *homo narrans*, der die Geschichte hinter der Geschichte des Selbst zu erzählen beginnt.

Taylors Geschichte der modernen Artikulation entzaubert somit die klassischen, an Friedrich Nietzsche (1844–1900) und Max Weber (1864–1920) geschulten Entzauberungstheorien. Die Überlegenheit von Taylors erzählender Darstellungsweise zeigt sich dabei besonders in ihrer konzeptionellen Fähigkeit, auch scheinbar antimodernistische Phänomene wie die zunehmende Vitalisierung des Religiösen in einen dichten Verstehenskontext einzubetten. Während vermeintlich neutrale Erklärungsmuster in den Phänomenen der religiösen Selbstanmaßung nur einen irrationalen Abfall von der traditionellen Erzählnorm sehen, erkennt er in diesen Sonderwegen der Moderne vor allem einen tiefgreifenden Bedeutungswandel in den normativen Hintergrundvoraussetzungen des Selbst: Der Aufschwung der Religion wird hier von einer widersprüchlichen Vernunftwelle getragen, die uns in Bezug auf existenziell bedeutsame Angelegenheiten wie Macht und Gerechtigkeit, Legitimität und Legalität, Rechten und Pflichten, Krieg und Frieden, Gut und Böse keine verlässliche Orientierung mehr bietet.

Die vielzitierte Rede einer »Wiederkehr der Religion« stellt also für Taylor keine irrationale Ausnahmeerscheinung dar. Vielmehr sieht er die begrenzten Ausdrucksmöglichkeiten des Säkularen grundsätzlich an ihr erzählerisches Ende gekommen. Wenn die Vernunft nämlich nur von der Vernünftigkeit ihrer selbst erzählt, steht sie irgendwann mit leeren Händen da. Damit ist ein gesellschaftlicher Loyalitäts- und Glaubensverlust verbunden, der mit den eruptiven Schockwellen früherer Nachrichten über den Tod Gottes vergleichbar ist. Doch Taylor rät hier zu Gelassenheit, weil eben nur die Religion verstehen kann, für was die Aufklärung einmal stand; und sie versteht die Aufklärung deshalb so gut, weil sie, die Religion, im Wissen um ihre Niederlage Platz gemacht hat. Diese Lektion des Verstehens lernt generell nur der Besiegte.

In dieser verflechtenden Erzählung von Autonomie und Theonomie wird die strukturelle Weitsicht von Taylors Geschichtsmodell besonders deutlich: Wenn die Quellen der Moderne einen Mehrwert besitzen, der über jedes Ziel hinausschießt, dann bleibt ihre Zukunft stets umkämpft. Die demokratischen Ressourcen müssen daher immer wieder neu gestärkt, artikuliert und verteidigt werden, eben weil es kein Ende der Geschichte gibt, auf das wir uns verlassen könnten: Aus dem Sein lässt sich kein Sollen gewinnen – und leider haben diese philosophische Lektion die Autokraten und Populisten unserer Tage am schnellsten begriffen.

Biographie als Leben in und mit verschiedenen Kulturen

Charles Taylor wird am 5. November 1931 in Montreal geboren und wächst dort unter den urbanen Bedingungen kultureller Zweisprachigkeit auf. Geprägt von dem dynamisch-konfliktreichen Zusammenleben einer eigenständig-frankophonen und einer föderal-angelsächsischen Kultur, nimmt er schon früh die Gemeinschaftsvoraussetzungen moderner Demokratien und ihre Sozialparadoxien wahr. Je pluralistischer die modernen Demokratien werden, desto größer werden nämlich auch die Anforderungen an eine gemeinsame Identität. Und ebenso deutlich sieht Taylor die Gefahr, dass unter dem Legitimitätsdruck offener Gesellschaften die Herausbildung einer vorpolitischen Vertrauens- und Solidaritätspraxis zunehmend über Mechanismen der Abgrenzung und der Missachtung gesteuert wird.

Mit einigem Recht könnte man also behaupten, dass der lebensweltliche Hintergrund Taylors die methodische und motivische Großzügigkeit seines Denkens geschult hat. Denn in einer globalisierten Welt kommt es auf eine immer dichter werdende Verstehenspraxis des Guten an, die Identität und Differenz nicht gegeneinander ausspielt, sondern in substanzielle Konzepte einer gemeinsamen Anerkennung, einer gemeinsamen Verantwortung überführt. Nicht Komplexitätsreduktion bis zur Verleugnung, sondern Ausdruckssteigerung in den uns bewegenden Geschichten des Guten ist Taylors kosmopolitische Antwort auf die Malaisen der Moderne. Wir verstehen uns und andere nur, wenn wir uns kennen, wenn wir wissen, was den Anderen bewegt. Diese Überzeugungen Taylors befeuerten auch sein frühes Engagement für die New Democratic Party; zwar scheiterte er mehrfach bei Mandatswahlen für einen Sitz im House of Commons, doch seine Kritik an einer liberal-individualistischen Politik der Differenz bleibt in Kanada bis heute einflussreich.

Die politischen Ambitionen Taylors blieben zu dieser Zeit freilich noch ohne genaue sozialphilosophische Rückkopplung. Zunächst studierte Taylor nämlich an der McGill Universität in Montreal Geschichte; im Anschluss daran wechselte er nach Oxford, um sich der Philosophie zu widmen. Dort trifft er auf einen der einflussreichsten politischen Denker des 20. Jahrhunderts, auf Isaiah Berlin (1909–1997), mit dem ihm nicht nur eine lebenslange Freundschaft, sondern vor allem auch eine intensive ideenpolitische

Diskussion über die Freiheitsgrundlagen des Liberalismus verband. Anders als Berlin verteidigt Taylor dabei ein Verständnis von menschlicher Freiheit, das sich nicht nur in Abwesenheit von Zwang erschöpft, sondern in ein anspruchsvolles Konzept der Selbstverwirklichung einmündet. Nach seiner Promotion 1961 (*The Explanation of Behaviour*, veröffentlicht 1964), die eine deutliche Kritik am Naturalismus formuliert, kehrte er wieder nach Kanada zurück – zunächst als Assistenzprofessor, ab 1962 dann als ordentlicher Professor für Philosophie und Politikwissenschaften an der Universität in Montreal.

Facetten eines vielgestaltigen Werks

Bis zu seinem erneuten Lehrstuhlwechsel nach Oxford 1976 arbeitet Taylor an seiner großen *Hegel*-Monographie (1975; dt. 1978). Hegel wird dort – dem analytischen Kehraus zum Trotz – als philosophisch wichtiger Zeitgenosse vorgestellt, mit dessen Hilfe die Freiheitsirrtümer der Moderne systematisch analysiert werden können. In Taylors Augen ist er

> einer der gründlichsten Kritiker desjenigen Begriffs der Freiheit (gewesen), der diese als Abhängigkeit nur vom Selbst definierte. Mit bemerkenswertem Einblick und großer Voraussicht zeigte er dessen Leere und potentiell zerstörerische Wirkung.[2]

In dieser frühen Theoriephase wendet sich Taylor also bereits mit Hegel gegen das Ungenügen der modernen Freiheit; er ist fasziniert von Hegels unbedingtem Vernunftanspruch und dessen spekulativen Synthesen, die jenen Geist-Begriff dialektisch begründen und verwirklichen wollen, nach welcher die romantische Generation suchte und

> nach welcher sich das gesamte Zeitalter sehnte, nämlich: die sich selbst ihr Gesetz gebende rationale Freiheit des Kantischen Subjekts mit der im Menschen vorhandenen Einheit des Ausdrucks und mit der Natur zusammenzubringen.[3]

Diesen ausdruckstheoretischen Anspruch des modernen Menschen verteidigt Taylor bis heute – auch wenn die Bezüge zu Hegel nicht mehr so regelmäßig ausfallen. Seine diesbezügliche Zurückhaltung ist dabei wohl vor allem Ausdruck einer tiefgreifenden Skepsis gegenüber einer gewaltigen Onto-Theologie, in der alle Manifestationen des Geistes in Wahrheit durch den begrifflichen Sinn Gottes dialektisch nicht nur vermittelt, sondern geradezu verschlungen werden.

In den darauffolgenden Jahren, die mit akademischen Lehrtätigkeiten an den Universitäten in Oxford (1976–1981) und Montreal verbunden sind (ab 1979), bemüht sich Taylor deshalb verstärkt um die Ausarbeitung einer anthropologischen Theorie starker Wertungen, die Hegels Einsicht in die Ausdrucksnatur unseres Verstehens bewahrt, ohne deren Ontologie mit den spekulativen Trägereigenschaften eines geschichtlich immer schon mitgedachten Absoluten zu belasten. Eine solche Geschichte des Guten lässt sich allerdings nicht mehr im Erzählrhythmus von

Hegel als eine besserwisserische Geschichtsphilosophie konzipieren; vielmehr geht Taylor dazu über, den rekapitulierenden Standpunkt des seine Zeit vollends durchschauenden Philosophen durch den des deutenden Interpreten zu ersetzen, durch den das Absolute nicht mehr spricht.

Dafür muss er insgesamt das philosophische Genre wechseln: Denn während Hegel von versöhnten Geist-Verhältnissen ausgeht, die der Philosoph in einer Endgeschichte des Begriffs nachzuerzählen hat, betrachtet Taylor posthegelisch die Erzählung selbst als dramatisches Narrativ, in dem sich das Subjekt mit den historischen Transformationen seines Selbstverständnisses verbindet. Was also Hegel vormals an Expressivität auf das kosmische Geistgeschehen übertragen hatte, nimmt Taylor im Laufe der Zeit wieder zurück und konzentriert sich auf die vom Vernunftsystem unterdrückten kreativen Ausdruckspotenziale des Menschen.

In diese Zeit fällt die Entstehung der großen Publikation über die *Sources of the Self* (1989, dt. *Quellen des Selbst*, 1994). Sie liest sich in weiten Teilen wie eine weiterführende Kritik Hegels an den Freiheitsverbergungen des politischen Liberalismus – dieses Mal jedoch mit der Pointe, dass der Liberalismus nicht hinter dem absoluten Geist, sondern hinter dem historisch vielfältigen Ausdrucksniveau des Guten zurückbleibt. Taylor versucht also, das Unbehagen an der Moderne (vgl. sein *The Malaise of Modernity*, 1991, dt. *Unbehagen an der Moderne*, 1995) von der Genealogie der neuzeitlichen Identität her zu beantworten. Mit der peniblen Rekonstruktion ihrer Entstehungsgeschichte will er an jene konstitutiven Güter erinnern, die (wie Platons Idee des Guten, der christliche Theismus oder der romantische Naturbegriff) einmal für den Selbstausdruck der Moderne bestimmend waren – und die dies nun aus dem Grunde nicht mehr sind, weil die Vernunft die instrumentelle Kontrolle über unsere Gefühle und Handlungen übernommen hat: Für Taylor droht die Moderne, an sich selbst zu ersticken, weil sie ihre Verbindung zu den eigenen Ausdrucksquellen instrumentell kappt.

Für ihn findet daher die Krise der Moderne, sich selbst annehmen zu können, ihren Höhepunkt in der menschlichen Unfähigkeit, das Gute zu bejahen. Dieses Unvermögen verhindert einen dauerhaften authentischen Ausdruck von Freiheit in den Selbsteinstellungen der modernen Subjektivität. Denn ohne Bejahung reduziert sich die Welt auf das, was sie ist. Und in einer solchen naturalistischen Erkenntnishaltung ist ein sinnvolles Sprechen über die Dialektik der Aufklärung gar nicht mehr möglich. Genau an dieser Stelle vermutet Taylor den zentralen Selbstwiderspruch der Moderne, nämlich etwas ausdrücken zu wollen, was über die autonomen Mittel der Vernunftkritik hinausgeht:

> Auch unter der Voraussetzung, dass wir die Würde der desengagierten Vernunft oder die Güte der Natur vollständig anerkennen, fragt es sich, ob das tatsächlich ausreicht zur Rechtfertigung der Wichtigkeit, die wir ihr beimessen, des moralischen Werts, den wir ihr zuschreiben, oder der Ideale, die wir darauf errichten.[4]

Taylors Anthropologie des Ausdrucks will also Realität nicht nur einfach beschreiben, sondern als immer schon ›gedeutete‹ und uns etwas ›bedeutende‹ Wirklichkeit aufscheinen lassen. Neben Kunst und Literatur wird damit besonders die Rolle der Religion bei der Bewältigung der Malaisen der Moderne aufgewertet. Denn ihre semantischen Ressourcen zur Wiederherstellung unserer Fähigkeit zur Bejahung des Guten hält er im Grunde für unverwüstlich; die geistig-sittlichen Rücklagen sind aus seiner Sicht »unvergleichlich viel größer« als reine Vernunftlösungen: Die »zentrale Verheißung einer göttlichen Bejahung des Menschlichen« versteht er als umfassender, als »sie von Menschen ohne Hilfe« jemals hätte ersonnen werden können.[5]

Mit diesem persönlichen Glaubensbekenntnis enden seine *Quellen des Selbst.* Den damit verbundenen normativen Anspruch konnte Taylor damals aber noch nicht einlösen, denn dazu hätte es eine Geschichte über das Konstrukt der säkularen Identität selbst gebraucht. Die zukünftige Argumentationsstrategie war aber bereits angelegt: Denn wenn Gott oder die Religion nicht mehr aus den modernen Prozessen der Selbstverständigung herausgehalten werden können, werden lineare Fortschrittsideen hinfällig. Der Sinn des Säkularen muss demnach in etwas anderem bestehen als in der bloßen Auslöschung des Sakralen.

Eine Antwort auf diese Frage liefert Taylor 18 Jahre später in seiner monumentalen Studie *A Secular Age.* Anders als Hegel geht es ihm nicht um das objektivistische Begreifen einer Universalgeschichte aus der Sicht des Absoluten oder um das Rationalisierungspotenzial der Religion selbst, sondern er schlüpft in die Rolle des *homo narrans*, um die verborgenen normativen Hintergrundvoraussetzungen in der Geschichte des Westens aufzudecken.

Taylors Erzählmotive nehmen dabei ihren Anfang im argumentativen Unterbau des weltlichen Wandels: Sie bringen nämlich jene normativen Veränderungen in den Sinn- und Verstehensbedingungen des Guten zum Ausdruck, die die moderne Identität mit ihren säkularen Vorstellungen von dem, was richtig und falsch, gerecht und ungerecht, gesollt und vermieden, wertvoll und nutzlos ist, wesentlich geprägt haben. Für Taylor ist Geschichte deshalb immer schon artikulierte Geschichte und in den Kreislauf der ewigen Wiedererzählung eingeschlossen – sie kann nie auserzählt oder von einem hermeneutischen ›Nirgendwo‹ der Erfahrung, wie Thomas Nagel dies genannt hatte, eingefroren werden: Nicht Entzauberung, sondern die ›Entzauberung der Entzauberungstheorie‹ ist grundlegendes Charakteristikum jeder Erzählung der Moderne.

Diese Ausdruckswende in den neutralen Medien der Selbstdarstellung der aufgeklärten Vernunft, sozusagen eine hermeneutische Kopernikanisierung Kants, verändert die Erzähl-Statik der Moderne von Grund auf. Gegenüber der Fortschrittsdarstellung einer zeitlosen, säkularen Identität hegt Taylor erhebliche Zweifel, da sie ihre eigenen Wertüberzeugungen verschleiern müsse:

> Dieser Subtraktionsgeschichte zufolge ist die Moderne das Ergebnis des Wegwischens des alten Horizonts, und der moderne Humanismus könne nur durch das Schwinden älterer Formen zustande gekommen sein. Nur als Resultat des Todes Gottes sei er denkbar. Daraus folgt, dass man die humanistischen Anliegen eigentlich nicht rückhaltlos vertreten kann, wenn man die alten Überzeugungen nicht abgeschüttelt hat. Man kann nicht wirklich in der Moderne angekommen sein und dennoch an Gott glauben. Oder wenn man trotzdem glaubt, hat man

Vorbehalte und steht zumindest teilweise – und vielleicht insgeheim – auf der gegnerischen Seite.[6]

Demgegenüber favorisiert Taylor einen Erzählstil, der den säkularen Wertewandel zunächst einmal von den Verstehensbedingungen des Guten her nachzuvollziehen sucht. Dabei interessiert ihn besonders die Frage, inwieweit die veränderten Einstellungen in den säkularen Auffassungen der menschlichen Natur auf einen veränderten Ausdruck in unseren moralischen Selbstwahrnehmungen zurückzuführen sind. Das Sein bestimmt also nicht mehr das Bewusstsein, sondern das Bewusstsein in die Welt gestellter Subjekte umgreift das Sein – zumindest in der Weise, als dass ersichtlich wird, dass es keine unabhängige wissenschaftliche Entdeckung gibt, die nicht durch vorgängige Wertentscheidungen des Guten motiviert worden wäre.

So war der Aufstieg der modernen Naturwissenschaften nach Taylor mitnichten die unwiderrufliche Folge einer methodischen Gottesabkehr, sondern Gott war in erster Linie Nutznießer einer solchen Entwicklung. Die Mechanisierung des Weltbildes verteidigte nämlich die Wahlfreiheit Gottes und entschärfte die Frage, wie Gott das Böse in der Welt hat zulassen können. Insofern ist die Entdeckung der Natur nicht von einem deistischen Gottesglauben zu trennen, der die Unvordenklichkeit der gewählten Schöpfung mit der Unabhängigkeit ihrer natürlichen Gesetze gedanklich zusammenbringen konnte. Die gleiche ethische Verflochtenheit weist Taylor zufolge auch der säkulare Humanismus der Moderne auf: Auch dieser schlägt vom Erkenntnistheoretischen ins Ethische um, wenn es darum geht, das universelle Streben nach Wohltätigkeit begründen zu müssen. Und genauso wenig vermag der existenzialistische Atheismus der Gegenwart an seine Stelle zu treten: Dessen sprachliche Magie führt Taylor nicht auf den natürlichen Tod Gottes zurück, sondern auf das Ideencharisma eines radikal unabhängigen Existierens, das sich selbst wählt.

In all diesen modernen Ablehnungsmotiven der Religion – unabhängig davon, ob die Bedenken von naturwissenschaftlicher, humanistischer oder von existenzieller Natur sind – erkennt Taylor vorgängige ethische Einstellungen, die das Selbst in Richtung auf eine spirituelle Abgeschlossenheit hin abdrängen. Es ist demnach eine Illusion, zu glauben, dass ein metaphysikkritischer Standpunkt jemals neutral bzw. metaphysikfrei formuliert werden könnte.

Aus dieser Perspektive gesehen verdankt sich der Erfolg des säkularen Denkens vor allem einem neuen Erleben der *conditio humana*: Gut ist das, was den individualistischen Wertvorstellungen eines autonomen Selbstverständnisses als erstrebenswert und auf das Woraufhin der menschlichen Natur angemessen erscheint. Freilich wird hier nichts mehr entdeckt, was nicht schon vorher im Zirkel menschlichen Verstehens angelegt gewesen wäre. Jede Theorie bleibt daher von der Art ihrer Erzählung abhängig. Hier gibt es nichts mehr, was sich autonom oder neutral konstruieren ließe. Und in diesem Sinne bringt der säkulare Wandel im menschlichen Erfahrungsbegriff kein meta-ethisches Faktum über die wahre objektive Natur des Menschen hervor, sondern er etabliert vielmehr eine Konkurrenzvorstellung, die herkömmliche Verstehensweisen des Guten langsam an den Rand drängt. Klassische Gemeinschaftsethiken werden so verdrängt, an ihre Stelle rücken unabhängige Auffassungen des Menschseins in den Vordergrund, die von den humanistischen Idealen der Selbstbestimmung motivational angetrieben werden. Der anhaltende Erfolg des Säkularen ist also für Taylor eher in den Tiefen der menschlichen Motivation als in den Höhen der reinen Vernunft zu suchen:

> In Wirklichkeit ist die Erfahrung durch eine leistungsfähige Theorie zurechtgestutzt worden, die den Primat des Individuellen, des Neutralen und des Innerpsychischen als Ort der Gewissheit fordert. Welcher Motor treibt diese Theorie? Nun, bestimmte ›Werte‹, Tugenden, Vorzüge – nämlich die des unabhängigen, desengagierten Subjekts, das reflektiert und selbstverantwortlich [...] seine eigenen Denkprozesse steuert. Darin liegt eine bestimmte Ethik der Unabhängigkeit, der Selbstbeherrschung, der Selbstverantwortung und des Kontrolle ermöglichenden Desengagements. Diese Haltung setzt Mut voraus sowie die Weigerung, sich mit den billigen Bequemlichkeiten der Autoritätshörigkeit, den Tröstungen der verzauberten Welt oder der Kapitulation vor den Regungen der Sinne abzufinden. Dieses ganze von ›Werten‹ durchsetzte Bild, das ein Ergebnis der sorgfältigen, objektiven und voraussetzungslosen Forschung sein soll, wird jetzt so präsentiert, als sei es von Anfang an da gewesen und habe den ganzen Prozess der ›Entdeckung‹ vorangetrieben.[7]

Mit diesem Einblick in die verborgenen Werte des epistemischen Vernunftstrebens richtet Taylor sein Erzählziel neu aus. Oder um es griffiger zu formulieren: Er strebt eine umfassende Motivationsgeschichte der Moderne an, in der die wissenschaftliche Entdeckung des Säkularen vor dem Hintergrund der Neubildungen der moralischen Identität rekonstruiert wird. Nicht die institutionelle Verdrängungskraft, sondern die veränderte Wahrnehmung auf unsere Identität, auf »unseren Ort in der Welt und den impliziten Werten«[8], steht im Mittelpunkt einer solchen Erzählung.

Taylors Geschichte ist also eine Geschichte über die ethisch beweglich gewordenen Rahmenbedingungen des Guten, die aus dem unvordenklichen Gottesglauben eine spirituelle Option neben anderen gemacht haben. Während säkularistische Vorstellungen hier nur einseitige Aufhebungszusammenhänge identifizieren, die den inneren Einstellungswandel auf institutionelle, wissenschaftliche und ökonomische Faktoren zurückführen und so die Religion aus der Moderne abziehen, blendet er die Perspektiven der Wissenschaft und der Moral übereinander, um die motivationalen Veränderungen in den weltlichen Perspektiven des Erlebens und Empfindens gleichsam zusammenhängend zum Ausdruck zu bringen.

In dieser Dramaturgie des Erzählens geht das säkulare Denken nicht auf eine Niederlage der Religion zurück, sondern es wird selbst zu einem spirituellen Ort der Fülle; sie ist das Ergebnis unseres modernen »Glaubens an die Wissenschaft oder die Vernunft«.[9] Moralische Ontologie und Glaube hängen demnach bei Taylor eng miteinander zusammen. Denn als soziales Schema drückt jede Art von Ontologie eine normative Gesamtsicht von Wirklichkeit aus, die zugleich größer als sie selbst ist. In diesem Zusammenhang spricht Taylor auch von einem »Glaubenssprung«, »der über die verfügbaren Gründe hinausgeht und in den Bereich des vorgreifenden Vertrauens führt.«[10] Sinn macht also die säkulare Rechtfertigung nur, solange der *Glaube* an die Methodologie der modernen Naturwissenschaften, der praktischen Vernunft oder an die unbedingte Selbstwahl auch tatsächlich anhält. Nicht die Produktion von wissenschaftlichen Ergebnissen, sondern das vorbegriffliche *Vertrauen* in eine säkular erklärbare Welt rechtfertigt somit die ›neutrale‹ Vernunft – und verschleiert zugleich ihre ontologische Voreingenommenheit, wenn sie uns rät: »Man *sollte* nichts glauben, wofür man keine ausreichenden Belege hat.«[11]

Insofern entscheidet die Einstellung zur Welt über den Ausdruck der Welt. Dieser beruht letztlich auf einer ethischen Definition der Gesamtsituation, auf einem vorbegrifflichen Netz aus starken Wertungen, die den performativen Zirkel menschlicher Artikulationsbedingungen engagiert in Gang setzen.[12] Gerade in radikalen Begründungsfragen enthüllt sich nämlich das, was dem säkularen Glauben Kraft und Antrieb verleiht: Sie reichen nicht weiter als die »eigene moralische Sichtweise«.[13] Insofern gibt es für Taylor keine zwingenden Gründe, von vornherein an den Säkularismus zu glauben,

> denn dergleichen gibt es nicht. Es gibt keine Gewähr dafür, dass sich alle Streitfragen, mit Bezug auf die wir ein Credo formulieren müssen, in dieser Weise entscheiden lassen. *Der Szientismus selbst setzt einen auf nichts als Glauben basierenden Sprung voraus.*[14]

Die Entwicklung der Moderne folgt somit keinem Stern am Himmel der zeitlosen Logik; vielmehr ist der Niedergang der Religion aus Taylors Sicht schlichtweg das Karriereresultat anderer Glaubensformen. Der Säkularisierungsprozess ist somit auf eine besondere Art und Weise in den Kampf der Glaubensmächte verstrickt, weil er selbst eine Ethik des Glaubens vertritt. Was zunächst wie ein Zuwachs von unabhängigem Wissen erscheint, entpuppt sich in Wirklichkeit als eine Abfolge von Glaubensmodellen, in denen andere »Modelle des Höheren« über die Religion triumphiert haben.[15] Nicht der Glaube wird also durch das Wissen ersetzt, sondern ein Glaube durch einen anderen ausgetauscht – z. B. durch den Glauben an den Menschen (Feuerbach), an die proletarische Weltrevolution (Marx) oder an das nachmetaphysische Denken (Habermas). Ein kognitives Gefälle zwischen Wissenschaft und Religion kann Taylor daher nicht ausmachen. Diese modellhaften Überlegungen bleiben bei Taylor allerdings strikt auf den menschlichen Zirkel des Verstehens ausgerichtet. Er macht geltend, dass die Säkularisierung in einem bestimmten ethischen Sinn-Kontext von Freiheit und Würde eingebettet ist. Und der Glaube an diesen Sinn kommt historisch zustande; er drückt eine ethische Gesamtsicht auf das Individuum aus, aber als starke Wertung ist er der Anschauung, »Gott oder das Gute sei wesentlich für die beste Erklärung der moralischen Welt des Menschen«[16], erkenntnistheoretisch nicht überlegen.

Taylors Erzählung über die Einwirkungskräfte des Glaubens kann also von vornherein keinen teleologischen Standpunkt einnehmen; vielmehr repräsentiert sie einen überaus üppigen Querschnitt aus den unterschiedlichsten humanistischen Motiven und Gegenmotiven, die in ihrer überschießenden Bedeutungsfülle die Moderne erst zu einer Heimstatt des Säkularen gemacht haben. In einer horizontalen Perspektive gesehen mag es dann zwar so erscheinen, als sei der Erzählung der Moderne eine unaufhörliche säkulare Vorwärtsbewegung eingeschrieben, in der die antirationale Übermacht der Religion zum allgemeinen Wohl der Menschen endgültig in das Private verbannt worden ist. Doch stellt sich die Sache ganz anders dar, wenn man wie Taylor einen vertikalen Schnitt durch die vorgängigen ethischen Motivlagen und ontologischen Rahmenbedingungen des wertenden Subjekts legt: Hier zeigt sich, dass die kritische Einstellung gegenüber der Religion das mit der schöpferischen Natur Gottes in Verbindung gebrachte Fülle-Erleben lediglich auf die autonome Vernunft projiziert:

> Hier kommen zwei Ideale zusammen, um dieses Prinzip zu untermauern. […] Das erste ist das Ideal der selbstverantwortlichen rationalen Freiheit. […] Wir haben die Pflicht, uns anhand der vorliegenden Indizien eine eigene Meinung zu bilden, ohne uns vor irgendeiner Autorität zu beugen. Das zweite Ideal ist eine Art Heroik des Unglaubens: die tiefe geistige Befriedigung über das Wissen, der Wahrheit über die Dinge ins Auge geblickt zu haben, wie düster und trostlos sie auch sein mag.[17]

In dieser Perspektive ist also der sozial verankerte Wert der Vernunft für den Rationalismus der Moderne ausschlaggebend. Rationaler macht das die Moderne für Taylor gewiss nicht, weil hier nur eine weitere ethische Einstellung artikuliert wird. Vielleicht lässt sich Taylors methodisches Vorgehen daher auch mit der Zwiebel-Metapher aus Ibsens *Peer Gynt*, die Günter Grass wiederaufgriff, vergleichen: Genealogisch zu erzählen bedeutet, die verborgenen Motivationsschichten des Guten in der Moderne so herauszulösen, dass sich eine Schale nach der anderen ablösen lässt, ohne jemals auf den eigentlichen Kern der Dinge vorstoßen zu können; vielmehr ist es der Vorgang des Schälens selbst bzw. das Erzählen, welches nach und nach die Erinnerung, an längst »gemiedene Wörter« und »schnörklige Zeichen« in Gang bringt. Um also die Moderne zu verstehen, muss man ihr erzählerisch unter die Haut gehen, was »Buchstab nach Buchstab ablesbar steht: selten eindeutig, oft in Spiegelschrift oder sonst wie verrätselt«.[18] Demgegenüber gleicht der Säkularisierungs-Theoretiker einem Bernsteinsammler, der das in dem fossilen Harz historisch Verkapselte, Ausgehärtete, Abgelebte, ob Insekt oder Religion, am liebsten museal archivieren und ausstellen möchte. Er wird also eher die organischen Einschlüsse der Geschichte pflegen, während der Zwiebel schälende Philosoph die motivational durchlässigen Unterschichten in der säkularen Epidermis der Moderne freizulegen versucht.

Durchgängige Motive im Werk Taylors

Taylors Rekonstruktion der säkularen Moderne entwirft somit nach Art und Anspruch eine narrative Gegenerzählung: Sie versetzt uns in eine Geschichte hinein, die uns in den dramaturgischen Mittelpunkt ihrer Prosa die motivational veränderten Ausdrucksbedingungen des Guten stellt. Denn auch das säkulare Denken ist in ein vorgängiges Beziehungsgeflecht eingebunden, das Aufschluss darüber gibt, warum die moderne, Auf-die-Welt-und-nur-auf-die-Welt-bezogene Immanenz zu einem Ort der transfigurativen Fülle anwachsen konnte. Nicht der kühlen Reinheit, sondern der Kraft der Aufklärung, die das Selbst verwandelt, gilt sein bevorzugtes Forschungsinteresse. Er erzählt also nicht gegen die Errungenschaften der Moderne an, sondern er erinnert vielmehr an die Ausdrucksdefizite des Vernunftcharismas, das den szientistischen Schleier der Hörigkeit über die menschlichen Resonanzquellen legt. Das prominenteste Opfer dieser Verbergung ist dabei die Religion, der man allzu schnell einen allgemeinen Untergang prognostiziert, weil sie angeblich, wie die Wissenschaft lehrt, »falsch sei«, »immer belangloser werde« und »auf Autorität basiere, während moderne Gesellschaften immer größeren Wert auf Autonomie legen.«[19]

Taylor bemüht sich in seiner Gegenerzählung also darum, dieses Moment des »Ungedachten«[20] zu versprachlichen und die ontologischen Voraussetzungen der »anthropozentrischen Verschiebung«[21] sichtbar zu machen. Die immanente Verlagerung des Guten steht also im Mittelpunkt der Analyse. Sie soll jene Bilder sichtbar machen, die uns »gefangenhalten«,[22] wie Taylor in Anspielung auf die erwähnte Fliegenglas-Metapher Wittgensteins formuliert. Denn solange die immanenten Rahmenkonstruktionen des Guten »Bilder bleiben, können sie nicht in Frage gestellt werden, ja, Alternativen sind unvorstellbar. Das genau bedeutet es, weiterhin gefangengehalten zu werden«.[23] Wenn man also den Sinnbedingungen unserer Erfahrungen nicht entkommen kann, weil sie uns erst in einen Bedeutungskontakt mit der Realität bringen, dann vermittelt auch die Neutralitätsunterstellung einen irgendwie gearteten Sinn – und bleibt damit gegen ihre eigenen Bemühungen gerade nicht neutral:

> Auf diese Weise wird klar, daß der Hintergrund nicht in den Bereich paßt, der durch die von der desengagierten Auffassung gezogenen Grenzen bestimmt wird. Sobald dieser Ansatz vor dem angedeuteten Hintergrund begriffen wird, erweist er sich als unhaltbar.[24]

Im Blick auf die von Taylor erzählte Geschichte geht es somit vorwiegend darum, den durch die Entzauberung der Hintergrundwertungen erzeugten Bilderstrom einer strengen, nüchternen und unabhängigen Vernunft weiter zu verzweigen, um bessere Optionen für ein Verständnis des Guten bzw. des menschlichen Lebens zu bekommen. Auf der Grundlage einer umfassenden Ethik der Artikulation soll so die naturalistische Selbstverhexung der Vernunft aufgehoben und die spirituellen Optionen des Guten vervielfältigt werden. Denn gerade das Bild der säkularen Unverwundbarkeit, was unsere Urteile normativ einrahmt, kann nach Taylor auch als eine

> Einschränkung, ja als Gefängnis erlebt werden, das uns für alles blind oder unempfänglich macht, was jenseits dieser geordneten Menschenwelt und ihrer zweckrationalen Projekte liegt. Hier kann leicht das Gefühl aufkommen, dass wir etwas verpassen, von etwas abgeschnitten sind oder hinter einem Schutzschirm leben.[25]

Taylors Ausleuchtung der Hintergrundvoraussetzungen der Moderne bildet somit erlebte Historie ab, sie zeigt sich motiviert durch die Einsicht, dass das säkulare Zeitalter selbst unter einer immanenten Ausdeutung leidet: Der Begriff impliziert nämlich, »daß das Denken des Betreffenden durch ein potentes Bild vernebelt oder eingezwängt wird, so daß er wichtige Aspekte der Realität nicht erkennen kann«.[26] In gewisser Weise liegt also auf Seiten des säkularen Denkens ein ›lack of narrative sense‹ vor, insofern es die Suggestivkraft seiner Bilder als alternativlos ausdeutet, weil angeblich nur diese zu uns als freie und selbstbestimmte Subjekte passen würden.

Allerdings bedeutet das auch nicht, dass sich Religion z. B. allein durch das geoffenbarte Wort Gottes von diesen Ausdeutungsprozessen ausnehmen könnte, ganz im Gegenteil: Taylor merkt explizit an, dass gerade in den fundamentalistischen Interpretationen der Religion verriegelte Selbst- und Weltstrukturen besonders häufig Gestalt annehmen. Erzählend will sich Taylor also beide Geschichten gleichermaßen vom Leibe halten, sowohl die emanzipatorische Abblendungs- als auch die offenbarungstheologische Ermächtigungstheorie des Sakralen, denn beide verzerren in seinen Augen die Würde der religiösen Option. Religionskritisch erinnert er sogar daran, dass der praktische Primat des menschlichen Lebens für die Entwicklung des neuzeitlichen Humanismus einen »großen Gewinn« dargestellt hat, der »ohne einen Bruch mit der etablierten Religion« kaum »hätte erzielt werden können«.[27] Taylor sieht insofern die Gefahr, dass das jeweilige ›Ungedachte‹ der modernen Moral und des autoritären Glaubens die Auseinandersetzung um die Rolle der Religion in der Moderne gleich von zwei Seiten beschädigen könnte. Das macht ihre Verteidigung heutzutage so schwierig und komplex. Es geht Taylor also nicht darum, die bessere, interessantere oder spektakulärere Geschichte der Moderne zu erzählen; vielmehr will er verstehen, warum die Moderne uns so viel Unbehagen bereitet:

> Einerseits ist man tief in diese Identität eingebettet und ziemlich gefeit gegen alles, was über die Welt des Menschen hinaus[geht]; doch andererseits hat man das Gefühl, gerade durch die Sicherheit gewährende Abgeschlossenheit könne etwas ausgesperrt werden. [...] Und dieses Gefühl hält bis heute an.[28]

Deshalb könne es nur darum gehen, den humanistischen Bewertungsrahmen der sozialen Ordnung so auszurichten, »daß er als völlig offen für die Transzendenz empfunden« wird:[29] Jeder Anflug einer überzeitlichen, »rationale[n] Selbstverständlichkeit«[30] von Immanenz muss vermieden werden. Erzählerische Demut bleibt somit das Gebot der Stunde.

Die Innovation von Taylors Erzählung liegt nun darin, dass hier erstmals eine zusammenhängende Geschichte des menschlichen Ausdrucksbestrebens vorgelegt wird, die die Wiederkehr der Religion als Strukturelement der Geschichte gerade nicht ausschließt, sondern deren Möglichkeit ausdrücklich anerkennt. Damit hat er bereits vorweggenommen, was moderne Gesellschaftstheoretiker erst jetzt langsam erkennen, dass nämlich Religionen und religiöse Gemeinschaften auch unter Bedingungen einer säkularen Gesellschaft Bestand haben (werden). Was in deren Erzähldiktion noch fremd und opak bleibt, ist bei Taylor bereits narrativ überwunden: Das Säkulare ist hier selbst Geist vom Geist der Religion. Es handelt sich gewissermaßen um Zwillingsgeschichten des Glaubens, die in ihrer Auffächerung der spirituellen Optionen die Zerbrechlichkeit jeder Hintergrundontologie aufscheinen lassen. Auf diese Weise versucht er, uns die Angst vor einer Rückkehr der Religion zu nehmen, ohne die Bedeutung der Vernunft zu leugnen. Das sind hermeneutisch günstige Voraussetzungen, um die Konflikte im säkularen Zeitalter besser verstehen zu lernen.

Religion für Füchse

»Der Fuchs weiß viele Dinge, der Igel weiß eine große Sache.« In einem Essay behandelte Taylors Lehrer Isaiah Berlin dieses Versfragment des griechischen Dichters Archilochos, indem er es auf die heutige moderne Intellektuellenwelt übertrug und von Füchsen und Igeln des Wissens sprach: Der Fuchs ist von Natur aus ein Vielwisser, ein Skeptiker, ein Spezialist für das Besondere, der von der schöpferischen Vielfalt der Einzeldinge ›um ihrer selbst willen‹ angezogen wird; er lässt sich auf die Welt ein, wandert umher, weil er weiß, dass das Ganze nicht mehr ist als die Summe seiner Teile. Deshalb muss er auch die Welt kennenlernen, um über die Welt zu sprechen. Der Igel hingegen bleibt an seinem Platz, weil er alle Antworten bereits kennt, denn sein Wissen ist das Wissen um das Allgemeine; in jedem Detail der Welt erkennt er das große Ganze, die Identität in den Erscheinungen, die Synthese hinter den Widersprüchen. Er braucht keine weiteren Erfahrungen, um zu wissen, dass das Ganze mehr ist als die Summe seiner Teile.

Berlin legt dieses Versfragment für sich so aus, dass das Einzelwissen der Füchse dem Weltwissen der Igel letzten Endes unterlegen ist. Taylor würde diese Rangfolge der Erkenntnis vermutlich umdrehen und behaupten, dass es gerade in Fragen der Religion besser sei, ein Fuchs als ein Igel zu sein. Denn während die Igel-Fraktion der Religion eine allgemeine, bisweilen holistische Identität zuschreibt, deren Einschätzung je nach Standpunkt und Erkenntnistemperament von allgemein gewalttätig bis allgemein friedliebend variiert, ist der Fuchs in Bezug auf die Religion neugieriger, zugleich aber auch skeptischer, weil er weiß, dass ihre Kulturen nicht auf einen überzeitlichen Nenner zu bringen sind. Aus der Perspektive des Fuchses gesehen ist deshalb der Begriff der Religion vieldeutiger – vieldeutiger jedenfalls als die statische Definition der Aufklärung des 17. Jahrhunderts uns glauben machen will, die Religion stereotyp mit einem Schöpfergott in Verbindung bringt, der am Ende über uns alle richtet.

Im Gegensatz zu solchen eurozentrischen Verengungen macht Taylor in seinem hier vorliegenden Essay auf die Bedeutung der achsenzeitlichen Wende für die Herausbildung der Weltreligionen insgesamt aufmerksam. Er greift dabei eine Formulierung von Karl Jaspers (1883–1969) auf, der den Ursprung der Geschichte und die Entstehung der großen Erlösungsreligionen in einem zeitlich komprimierten Verdichtungs- und Rationalisierungsschub, der so genannten ›Achsenzeit‹, erblickt hat: In dieser Phase während des ersten Jahrtausends vor Christus wurden die mythischen Selbst- und Weltvorstellungen revolutioniert und neue Achsen des Erkennens geschult. Taylor geht es dabei mit Jaspers um wenigstens drei miteinander zusammenhängende Beobachtungen: Erstens wird die verzauberte Welt der Menschen entgöttert, das Transzendente dem Irdischen entzogen und Fragen des menschlichen Gedeihens durch Vorstellungen eines moralisch ›überlegenen

Guten‹ ersetzt. In dieser Phase der Umwälzung der Weltbilder verblasst die Allgegenwart der Religion und kann auch durch kultische Opferhandlungen nicht mehr heraufbeschworen werden; der direkte Kontakt zum Göttlichen geht verloren, und die Religion bildet allmählich eine eigene Bedeutungssphäre aus, die sich vom Rest des sozialen Lebens trennt.

Die Entstehung der ›Transzendenz‹ führt somit zweitens zu einer Entsakralisierung des Kosmos: Denn wenn die Welt nicht mehr göttlich ist, ist alles, was in ihr begegnet, bloß menschlich und bedarf insoweit der Rechtfertigung. Mit diesen Veränderungen ist drittens ein ›impliziter Universalismus‹ verbunden, der die Erfüllung eines guten und gerechten Lebens von einem umfassenden Standpunkt der Menschheit aus beurteilt.

Religionsgeschichtlich verbinden diese Revolutionen der Achsenzeit aber unterschiedliche Imaginationen der Heiligkeit. Und hier gibt es für Taylor nichts auszumachen, das gegeneinander verrechnet oder erkenntnistheoretisch hierarchisiert werden könnte: Platons Idee des Guten oder das buddhistische Nirwana, der moralische Absolutismus der Menschenrechte oder die konfuzianische Vornehmheit des Geistes: All das sind für ihn klassisch-gültige Artikulationen eines post-achsenzeitlich verstandenen Guten, das die wechselnden Bedürfnisse des Menschen übersteigt bzw. transzendiert und eine allgemeine Antwort auf die Frage zu geben versucht, was die normativen Standards für jeden Menschen sein könnten.

Aus diesem Grunde hält es Taylor für abwegig, unsere westlichen Unterscheidungen nur aus dem Grunde als Standardmodell religiöser Erfahrung auf alle nachachsenzeitlichen Zivilisationen auszuweiten, »um eine scharf umrissene Definition von Religion« (hier S. 19) zu erhalten. Denn das, was wir streng in zwei Gruppen voneinander trennen, nämlich dem Glauben von der Magie, die Spiritualität von der Gemeinschaft, die Säkularisierung von der Religion, entfaltet in den außereuropäischen Traditionen eine ganz andere Dynamik des Nachdenkens. Dort machen solche Unterscheidungen häufig keinen Sinn, weil ihre kulturellen Kontexte semantisch variabler sind für Resonanzbeziehungen zwischen Religion, Magie, Spiritualität und Säkularität (Taylor macht das u. a. am Beispiel Chinas deutlich).

Doch Taylor geht es nicht nur um die historische Bedeutungsvielfalt der Religionen und ihre kulturell mannigfachen Ausdrucksmöglichkeiten; er versteht ihre Vielfalt auch in einem ›dynamischen‹ Sinne, insofern er untersucht, wie Religion in der gegenwärtigen Welt als politisches Unterscheidungsmerkmal eingesetzt wird, um Gefolgschaften zu mobilisieren und Grenzen zwischen Freund und Feind zu ziehen.

Die Wiederkehr der Religion auf dieser Ebene der politischen Beschreibung ist dabei höchst komplex: So setzen Fundamentalisten ihre Traditionen häufig dafür ein, um mit dem (angeblichen) Verweis auf die ursprüngliche Überlegenheit ihrer spirituellen Überzeugungen der materiellen Welt den Kampf anzusagen; ähnliche Bezugspunkte oder Zivilisationsmarker finden sich jedoch auch auf Seiten von säkular eingestellten Politikern, die ihre anti-islamischen Absichten häufig in eine Sprache kleiden, die nur vordergründig an die christliche Überlieferung erinnert. In all diesen Fällen überfremdet eine gefährliche Vorstellung von Reinheit die politisch ausgerichtete Sprache der Religion, die sich nur über die strategische Abgrenzung zu anderen definiert. Echte Frömmigkeit und Spiritualität sieht hingegen anders aus: Sie lässt sich, so Taylor, nicht ideologisch vereinnahmen und lebt aus der Fülle ihrer Begegnungen heraus, die im Kern von Überschreitungen, nicht aber von Zugehörigkeiten bestimmt wird.

Vollends dynamisch wird das politische Bedeutungsspektrum der Religion aber dadurch, dass die von Taylor sogenannte ›primordiale‹, d. h. ursprüngliche Reinigung der Identität auf Kosten anderer das Gleichgewicht in den religiösen Praktiken verschiebt: Alles wird jetzt mit einem Wahrheitsanspruch aufgeladen, der jeder Form von Relativierung und Toleranz den Kampf ansagt. Taylor denkt hier prototypisch an die Kopftuchdebatte, die den Mechanismus symbolischer Konfliktsteigerung durch Religion offenlegt. Anfangs noch ein kaum beachtetes soziales Randphänomen, hat sich der Streit um das Kopftuch zu einem regelrechten Kulturkampf entwickelt, in der Fragen des erträglichen Zusammenlebens durch ein moralistisch hochgezüchtetes Entrüstungsvokabular bestimmt werden, die anscheinend zur letzten Entscheidungsschlacht zwischen den Parteien aufruft.

Gleichwohl bleibt die Entdeckung der politischen Polysemie bei Taylor nicht nur auf das Verhältnis des Westens zum Islam beschränkt; strategische Aktivierungen finden sich auch im Islam selbst (Taylor denkt hier vornehmlich an die Auseinandersetzung zwischen Sunniten und Schiiten); und auch der aufgeklärte Westen ist vor populistischen Infekten nicht gefeit, wie jede Form von xenophober Politik beweist.

Diese in der Moderne tobenden Kulturkämpfe müssen aber nicht als unausweichlich und schicksalhaft hingenommen werden. Vielmehr müssen die spirituellen Verluste in einer primordialen Moderne ehrlich als solche erkannt und bilanziert werden. Und von diesen Verlusten verstehen Füchse nun mehr als Igel.

Anmerkungen zum Nachwort

1 Fukuyama 1989.

Facetten eines vielgestaltigen Werks

2 Taylor 1978, S. 747.
3 Ebd., S. 707.
4 Taylor 1994, S. 561.
5 Ebd., S. 894, 898.
6 Taylor 2009, S. 955.
7 Ebd., S. 933 f.
8 Ebd., S. 943.
9 Ebd., S. 17.
10 Ebd., S. 918.
11 Ebd.
12 Vgl. dazu neuerdings: Taylor/Dreyfus 2016, S. 137 ff.
13 Taylor 1994, S. 704.
14 Ebd.
15 Ebd., S. 940.
16 Ebd., S. 599.
17 Ebd., S. 704 f.
18 Grass 2006, S. 8.

Durchgängige Motive im Werk Taylors

19 Taylor 2009, S. 714.
20 Ebd., S. 494.
21 Ebd.
22 Ebd., S. 915.
23 Ebd., S. 945.
24 Taylor/Dreyfus 2016, S. 64 f.
25 Taylor 2009, S. 512.
26 Ebd., S. 933.

27 Ebd., S. 1059.
28 Ebd., S. 512, 515.
29 Ebd., S. 909.
30 Ebd., S. 927.

Literaturhinweise

Arnason, Johann P. / Eisenstadt, Shmuel N. / Wittrock, Björn (Hrsg.): Axial Civilizations and World History. Leiden [u. a.] 2004. (Jerusalem Studies in Religion and Culture. 4.)

Banerjee, Mukulika: The Pathan Unarmed. Opposition and Memory in the North West Frontier. Santa Fe 2000.

Bellah, Robert N.: The Heritage of the Axial Age. Ressource or Burden? In: The Axial Age and Its Consequences. Hrsg. von R. N. B. und Hans Joas. Cambridge/London 2012. S. 447–468.

– Religion in Human Evolution. From the Paleolithic to the Axial Age. Cambridge 2011.

Certeau, Michel de: La Fable mystique. XVIe–XVIIe siècle. Paris 1982. Dt.: Mystische Fabel. 16. bis 17. Jahrhundert. Übers. von Michael Lauble. Berlin 2010.

Fukuyama, Francis: The End of History? In: The National Interest (1989).

Göle, Nilüfer: The Forbidden Modern. Civilization and Veiling. Ann Arbor 1996.

Grass, Günter: Beim Häuten der Zwiebel. Göttingen 2006.

Hervieu-Léger, Danièle: Le pèlerin et le converti. La religion en movement. Paris 1999.

Taylor, Charles: Hegel. Cambridge 1975. Dt.: Hegel. Übers. von Gerhard Fehn. Frankfurt a. M. 1978.

– Sources of the Self. The Making of the Modern Identity. Cambridge 1989. Dt.: Quellen des Selbst. Die Entstehung der neuzeitlichen Identität. Übers. von Joachim Schulte. Frankfurt a. M. 1994.

– The Malaise of Modernity. Cambridge 1991. Dt. Unbehagen an der Moderne. Übers. von Joachim Schulte. Frankfurt a. M. 1995.

– Die Formen des Religiösen in der Gegenwart. Übers. von Karin Wördemann. Frankfurt a. M. 2002.

– A Secular Age. Harvard 2007. Dt.: Ein säkulares Zeitalter. Übers. von Joachim Schulte. Frankfurt a. M. 2009.

– Democratic Exclusion (And Its Remedies?). In: Dilemmas and Connections. Selected Essays. Cambridge 2011. S. 124–145.

– / Dreyfus, Hubert: Die Wiedergewinnung des Realismus. Übers. von Joachim Schulte. Berlin 2016.

– /Maclure, Jocelyn: Laizität und Gewissensfreiheit. Übers. von Eva Buddeberg und Robin Celikates. Frankfurt a. M. 2011.

– / Nanz, Patrizia: Reconstructing Democracy. How Citizens Are Building from the Ground Up. Cambridge 2020.

Veer, Peter van der: The Modern Spirit of Asia. The Spiritual and the Secular in China and India. Princeton 2013.

Wittrock, Björn: The Axial Age in Global History. Cultural Crystallizations and Societal Transformations. In: The Axial Age and Its Consequences. Hrsg. von Nobert N. Bellah und Hans Joas. Cambridge/London 2012. S. 102–125.